2024

◎ 陕西省交通运输工会委员会 编

陕西新华出版
陕西旅游出版社
·西安·

图书在版编目（CIP）数据

追梦者 . 2024 / 陕西省交通运输工会委员会编 .
西安：陕西旅游出版社，2025. 4. -- ISBN 978-7-5418-4779-0

Ⅰ . K826.16

中国国家版本馆 CIP 数据核字第 2025GN5951 号

ZHUI MENG ZHE

追　梦　者（2024）　　陕西省交通运输工会委员会　编

责任编辑：邓云贤　韩　双
责任校对：张艺卓
出版发行：陕西旅游出版社
　　　　　（西安市曲江新区登高路 1388 号　邮编：710061）
电　　话：029-85252285
经　　销：全国新华书店
印　　刷：西安市建明工贸有限责任公司
开　　本：787mm×1092mm　　　1/16
印　　张：15.25
字　　数：200 千字
版　　次：2025 年 4 月　　第 1 版
印　　次：2025 年 8 月　　第 1 次印刷
书　　号：ISBN 978-7-5418-4779-0
定　　价：89.00 元

目
CONTENTS
录

第三章　陕西省五一劳动奖

第四章　陕西省职业技能大赛

◇ 陕西省技术能手

第五章　陕西产业工匠人才

第六章　陕西省劳动竞赛

◇ 陕西省劳动竞赛优胜集体

◇ 陕西省劳动竞赛优胜班组

第七章　司机之家

第八章　非公经济组织和社会组织"党建带动工建 工建服务党建"先进单位

第九章 陕西省企事业单位民主管理制度规范化建设先进单位

第十章 陕西工会母婴关爱室

第十一章 陕西工会爱心托管班

第十二章 三秦最美家庭

第十三章 2024 年陕西省总工会重点支持的劳模工匠创新工作室

第十四章 陕西省交通运输系统优秀班组和班组长

全国五一劳动奖

陕西交通控股集团有限公司深化改革，激发产业新活力，锚定高质量发展目标，推动国企转型实现新跨越。集团以"长风破浪会有时，直挂云帆济沧海"的豪情，前瞻布局产业升级体系，勇担责任践行国企使命担当，全面推动"553"产业体系落地实施，通过聚焦高质量发展主线，奋力建设全国一流企业，在中国式现代化陕西新征程上勇当开路先锋，为谱写陕西发展新篇章贡献交控力量。

勇当先锋破浪行

——记全国五一劳动奖状获得者陕西交通控股集团有限公司

陕西交通控股集团有限公司（以下简称陕西交控集团）成立于2021年1月30日，现有员工2.75万人。集团经营范围涵盖交通基础设施勘察设计、投资、建设、运营，交通运输，物资贸易，交通科技、咨询、监理、检测，交通金融，以及交通关联产业综合开发等。目前，集团管养公路里程6535千米，其中高速公路5736千米。集团建成省部级科研平台11个，主编、参编国家标准和行业标准157项，获国家科学技术奖11项（其中一等奖1项）、国家优质工程奖8项、中国土木工程詹天佑奖3项、李春奖3项、长安杯6项，曾获省部级科学技术奖180项。另荣获国家和省部级荣誉280余项。

一、深化改革，激发交通产业新活力

按照省政府"以组建交控集团为示范"的要求，陕西交控集团统筹推进17家交通企业战略性重组，形成了以大交通为主的投资—建设—运营—服务—经营全产业链。通过改革，集团推动企业从功能型企业向市场竞争型企业转变，从产业单一化向经营多元化升级，从追求速度和规模向注重质量与效益转变。改革成效显著，企业资产总额和年营业收入在全国省级交通企业中分别跃升至第8位和第12位。营业收入由重组前的342.41亿元增至2023年的668.75亿元，增长率为95.3%；利润总额扭亏为盈至18.41亿元，重组当年实现现金流回正目标。陕西省第十四次党代会指出"交控集团组建等改革成效明显"，其改革经验入选国务院国资委国企改革三年行动综合典型和专项典型经验成果。

二、锚定高质量发展目标，推动企业实现新跨越

陕西交控集团始终紧扣高质量发展主题，企业资产负债率、带息负债规模、平均融资成本等核心财务指标自组建以来连年下降，集团经营运行质量显著提升。2023年，面对经济下行压力，集团及时调整经营策略，经济指标保持较快增长。企业营业收入、利润总额同比分别增长21%、51%，营收利润率、成本费用利润率分别提高0.52个百分点、0.54个百分点，资产负债率下降至69.04%，融资成本下降40个基点（BP），全年节约财务费用12亿元，推动21家企业扭亏为盈。集团为全省经济高质量发展做出突出贡献，荣获陕西省国资系统2023年度"改革发展提升奖"。

三、前瞻布局，构建产业升级新体系

立足全省现代化产业体系和产业集群总体规划，陕西交控集团开展产业体系优化前瞻性研究，提出"553"产业体系。集团围绕传统基础产业、交通关联产业、战略性新兴产业统筹布局13条产业链，明确52项重点任务、73个重点项目。2023年，集团新组建3个二级板块，专业化整合5家三级公司，集采平台、新能源项目、交通金融、服务区转型等业务均取得突破性进展，新业态营收同比增长33.66%。科技领军企业创新能力不断增强，集团成立全省国资系统首个外籍院士工作站，1家企业入选国务院国资委"科改示范企业"名单，3家企业被认定为瞪羚企业，2支队伍入选"科学家+工程师"队伍名单，科技成果转化收入1.7亿元，并获陕西省国资系统"科技创新奖"。

四、勇担重任，彰显国企责任新担当

深化陕西省"三个年"活动，2023年，陕西交控集团完成投资186亿元，高速公路通车里程163.5千米，天台山隧道群科技示范工程通过交通运输部验收，集团获陕西省国资系统"稳增长贡献奖"。集团减免公路通行费50.5亿元，圆满完成中国—中亚峰会和"三夏"联合收割机交通服务保障任务，除雪保畅工作被中央电视台《迎风战雪保民生》栏目报道。助力乡村振兴，交控集团等3家定点帮扶单位年度考核均获"好"等次，所辖服务区帮助7000户家庭实现稳定就业增收，相关工作得到中央领导、

省委主要领导的肯定。此外，集团开展"治污减排、绿色施工"专项行动，建成省属企业首个安全监管平台，全年安全形势稳定向好。陕西交控集团以实际行动诠释了服务支撑全省高质量发展的国企担当。

立足新起点，奋进新征程。陕西交控集团将以习近平新时代中国特色社会主义思想为指引，深入贯彻落实党的二十大精神，牢牢把握深化"三个年"活动，聚焦高质量发展主题，全面推动"553"产业体系落地，奋力建设全国一流企业，为谱写中国式现代化建设陕西新篇章做出应有贡献，贡献交控力量！

万水千山写风流

——记全国五一劳动奖章获得者中交第一公路勘察设计院有限公司
工程师罗波

　　他以"愚公移山"之志，逢山开路，遇水架桥，让天堑变通途，用行动诠释了公路人的担当与奉献。"即从巴峡穿巫峡，便下襄阳向洛阳。"他以创新技术解决极高地应力岩爆隧道设计技术难题，在平凡的岗位上铸就非凡业绩。他就是2024年全国五一劳动奖章获得者、中交第一公路勘察设计院有限公司（以下简称一公院）工程师罗波。

罗波同志自 1999 年参加工作以来，始终坚守在公路交通事业一线，以对公路事业的无限热爱和执着追求，践行着一名公路人的初心与使命。他具有良好的职业道德和敬业精神，认真履行岗位职责，努力践行一公院"特别能吃苦、特别能战斗、特别能奉献、特别能创新"的企业精神，在公路工程勘察设计技术领域不断探索前行，为我国公路建设做出了突出贡献。

一、扎根一线，勇攀技术高峰

罗波同志扎根公路勘察设计一线二十三年，参与了数十个国家级大型高速公路项目的勘测、设计和咨询审查工作，主持了多项大型勘察设计项目，累计完成高速公路勘察设计里程超1000千米，项目合同额超过15亿元。他善于吸收借鉴国内外成功经验，将理论与实践相结合，精心勘察、精心设计、精心研究，攻克了一个又一个技术难题。他白天翻山越岭踏勘，晚上与项目组讨论技术方案，外业完成后又加班加点进行内业设计，常常与技术人员探讨到深夜，反复推敲设计方案，力求达到最佳效果。在他的努力下，多个项目获省部级奖项，如陕西省宝鸡至坪坎公路秦岭天台山隧道工程设计获中国公路勘察设计协会2022年度公路交通优秀设计项目一等奖，兰海高速公路武都至罐子沟段获中国公路勘察设计协会2014年度公路交通优秀设计项目二等奖。

二、勇于创新，推动行业发展

罗波同志在工作中勇于创新，不断探索新的技术方法和设计思路。他主持的项目中，多项技术成果达到国际先进水平，如木寨岭隧道首次提出

"先立后破"的设计思路，解决了极高地应力岩爆隧道设计的技术难题。他获得授权实用新型专利2项、国际发明专利2项，登记计算机软件著作权1项，并在国内外核心期刊发表学术论文数十篇，其中5篇被SCI、EI收录。他的研究成果不仅推动了公路勘察设计技术的发展，还为行业的技术创新提供了宝贵的借鉴和参考。

三、不忘初心，发挥党员模范作用

作为一名共产党员，罗波同志始终以高度的政治责任感和使命担当，充分发挥党员的先锋模范作用。他深入工程建设一线，解决施工现场的技术难题，秉持一公院"精心勘设、服务第一"的原则，全力确保项目顺利实施。从业以来，他先后荣获一公院优秀共产党员、青年岗位能手、双文明建设先进个人、首届劳动模范等称号，2021年荣获陕西省五一劳动奖章，2022年获得第十一届中国公路学会"百优工程师"称号，2023年被认定为西安市高新区硬科技创新人才（Ⅱ级）。2022年12月，他当选为陕西省交通运输工会第八届委员会委员兼副主席。他积极履职，主动担当作为，团结带领职工投身企业发展，成为基层员工奋力拼搏、奉献公路事业的榜样。

罗波同志以"老黄牛"精神，脚踏实地，在平凡的岗位上做出了不平凡的业绩。他用行动诠释了公路人的责任与担当，用智慧和汗水为我国公路交通事业的发展添砖加瓦。他的事迹激励着身边的每一位同志，让我们看到了一个普通交通行业工作者在平凡岗位上创造的卓越成绩，以及他对公路事业的赤诚之心。

她们在四季轮回中以点点橘红为笔，以千里公路为卷，绘就了一幅壮丽的画卷。她们二十年如一日，在风吹雨打中坚守，在脏活累活面前从不躲让。她们保证了道路的畅通与美丽，也赢得了众多的称赞。她们用行动证明：于平凡中坚守，在坚守中绽放，终将成就非凡的人生价值。她们就是秦岭深处那抹永不褪色的橘红——秦陵道班女养路工群体。

一抹橘红衬褐色

——记全国工人先锋号获得者西安市公路局临潼公路段秦陵道班

在通往世界第八大奇迹——秦始皇帝陵兵马俑博物院的城市快速干道上，总有一抹抹橘红色身影穿梭奔忙。就是这些橘红色身影保证了这条代表着西安市、陕西省乃至国家对外形象的旅游公路的干净与畅通，她们组成了西安市公路局唯一的女子道班——临潼公路段秦陵道班。

一、坚守与传承：秦陵道班的初心之路

秦陵道班成立于1998年，6名养路工承担着西安市临潼区城区至秦始皇帝陵兵马俑博物院8千米公路的养护任务。在时任班长刘淑侠的带领下，她们团结一心，敬业奉献，总结出了"一清扫、二捡拾、三保洁、四修剪、五清运、六灭害"的养护作业方法。

2006年，刘淑侠退休，"路二代"王荣接任秦陵女子道班班长，扛起了道班的荣光与责任。2009年，秦陵旅游线路改线，秦唐大道建成通车，成为通往秦始皇帝陵兵马俑博物院的城市快速干线，秦陵道班承担起秦唐大道秦陵段6.2千米的养护任务，养护任务更加繁重。新公路沿线设施不完善、沿线住户多、游客车流量大……重重困难并没有压倒她们。在王荣的带领下，大家心往一处想、劲往一处使，甩开膀子苦干，手套磨破了一双又一双，旧伤刚愈合又添新伤，却没有一个人喊苦喊累。经过大家3个月的努力，路容路貌焕然一新。

二、拼搏与奉献：平凡岗位上的不平凡坚守

公路，三分建七分养，养护管理工作至关重要。尽管养护技术和标准不断提升，但仍有机械化无法代替的人工作业，仍需养路工用手掏、用肩挑。

由于公路两旁商店、饭店、农家乐密集分布，电影库路段带着盖板的水沟俨然成了密闭的垃圾堆放场所。为了疏通水沟，清理时，她们必须先把重达十几公斤的石板掀开，再跳进臭气熏天的污水沟工作，经常一干就是几个小时，收工时她们的头发、眉梢都沾满了污泥，浑身散发着异味。像这样的路段共有4千米，需要每半个月清理一次，其中的脏和累难以想象，但她们从不退缩。

秦陵道班始终坚守在一线岗位，一次次圆满完成应急保通任务，保障了道路的畅通。作为养路工，她们每天必不可少的一件事是看天气预报。冬天晚上下雪时，她们来不及给家人打声招呼，就冲到防滑保畅战斗的第一线。从凌晨一直奋战到天亮，眉毛结了白霜，手冻得通红，被汗水浸湿的衣服也结了冰，但看着通畅的公路和过往司乘人员的称赞，她们开心地笑了。

旅游黄金周期间，游客增多，路面清扫任务繁重。几天下来，嘴唇裂开了血口子，嗓子痛得直冒烟，脚上磨出了血泡，但看到快速干道整洁的环境，姐妹们感到很欣慰，自己的付出得到了回报。

三、收获与荣耀：铿锵玫瑰的华丽绽放

秦陵道班的成员们不断学习新的管养技能和知识，拓宽思路、更新观念，尤其是在公路的绿化美化工作中，采取"封、透、露、秀"的绿化方式，补栽行道树和花草，定期浇水施肥，按季修剪整形，做好病虫害防治，营造出错落有致的绿化带。秦陵城市快速干道被打造成旅游路、生态路和文明路，秦陵道班更成为这条公路上一道独特的风景。

春华秋实岁丰物成，在一朵朵铿锵玫瑰的接力耕耘下，秦陵道班满载荣誉，荣获交通运输部第一届"最美公路人"；国家、省级、市级"三八

红旗集体";陕西省、西安市"工人先锋号";陕西省交通运输系统"优秀班组";陕西省公路局"十佳道班"、陕西省公路行业劳动竞赛"先进班组"、西安市"创建国家卫生城市先进单位"、西安市"巾帼文明岗"等荣誉。

全国模范职工之家、优秀工会工作者

陕西交控集团西长分公司工会以春风化雨之姿，将关怀与温暖融入职工心田。在组织建设中夯实根基，于民主管理中谱写和谐乐章。关爱职工，用暖心举措驱散生活阴霾，以榜样力量激发奋进潜能，以文体活动点亮职工精神生活。这座温暖的港湾，让职工在拼搏中无惧风浪；这盏明亮的灯塔，正照亮企业高质量发展的奋进征程。

春风化雨润职工，灯塔引航启新程

——记全国模范职工之家陕西交通控股集团有限公司西长分公司工会委员会

陕西交控集团西长分公司成立于2006年8月，负责G69银百高速西安至咸阳段、G70福银高速马庄互通立交至长武县凤翔路口段共181千米高速公路的运营管理工作。分公司本部设8个部门，下辖13个收费站及3个路产养护管理中心。年车流量、通行费收入均在交控集团名列前茅，是集团重点三级单位。分公司工会现有在册会员811人，其中党员260人，职工平均年龄38岁，职工入会率达100%。这是一支敬业奉献、务实奋进的队伍。分公司及所属单位先后荣获全国工人先锋号、全国青年文明号、全国交通运输文化建设优秀单位、全国交通运输行业文明示范窗口、全国厂务公开民主管理工作先进单位、全国交通系统"模范班组"等荣誉称号，以及陕西省文明单位、陕西省"梦桃式班组"。

一、推进民主管理，建设和谐之家

分公司充分发挥职工代表大会民主管理、民主监督职能，不断拓展厂务公开和民主管理工作。每年初，分公司及各管理所分别召开职代会，审议行政和工会工作报告，对职工提案进行答复和说明。工会在督办提案落实的同时，深入了解职工的思想、工作和生活状况，及时反映职工诉求。围绕日常工作广泛开展民主管理工作调研，开通"工会主席信箱""工会主席直通车"，通过深入基层谈话、职工走访调研，以及经理、工会主席、所长接待日等形式畅通职工利益诉求渠道，征集职工合理化建议二十余条，及时解决职工的"急、难、愁、盼"问题，不断调动职工参与企业民主管理的积极性和主动性。

二、关爱职工，建设温暖之家

分公司党政领导高度重视工会工作，严格落实职工薪酬福利保障体系，实现职工劳动合同签订率100%，社会保险全覆盖，为职工购买意外伤害保险、补充医疗保险，落实企业年金等。坚持以人为本，通过多项举措及时将组织关怀送达每位职工，不断提升职工的幸福感、获得感。做好"职工之家""职工小家"建设，实施"暖心工程"。每年在计划审批、资产购置等环节，优先保障涉及职工工作生活的民生事项落地，以务实举措激发广大职工爱岗敬业的热情。先后完成职工宿舍区 wi-Fi 全覆盖、净水设备安装等工程，系统规范了职工宿舍管理制度，打造职工满意食堂，开办暑期职工子女托管班，建立后勤服务满意度测评机制，不断改善职工办公条件和生活条件。为各所、各站活动室配备健身器材，铺设塑胶篮球场地13 个、羽毛球场地 4 个。积极开展困难职工帮扶、大病职工帮扶、职工权益维护、"金秋助学"等活动，通过走访慰问、精神关怀等措施，真正让组织的关心、关爱浸润职工心田。

三、加强示范引领，建设创新之家

大力弘扬劳模精神、劳动精神、工匠精神，积极开展典型选树，分公司先后培养出2名省级劳动模范、2名最美"中国路姐"，省级以上各类先进职工20余人。每年制定年度职工培训计划，每年开展各岗位综合培训30次以上。开展职工创新创效活动，成立机电设备维修工作室，通过修旧利废、变废为宝，年均节约机电运营成本8万元。组建QC小组，针对问题立项攻关。成立新丝路巾帼标兵养护创新工作室，探索出11项养护实用新技术。在培育"西长高速、阳光之路"文化品牌的基础上，用心打造机场西收费站"阳光机场西"和六村堡收费站"五秒阳光"两个品牌。开展劳动竞赛，组织职工在收费、养护、路政管理中提升技能、优化服务。针对六村堡站易拥堵问题，分公司精准施策，开展揭榜赛马活动，实施通行提速工程，优化人员配置，探索建立"四级保通"响应机制，全面解决站区拥堵问题。六村堡站成为运营公司缓堵保通示范站，省内外多家单位前来观摩学习。创新思路，加强安全生产工作，确立"12345"安全生产管理总体思路，加强涉路施工安全管理，建立集日常培训、涉路施工方案审查、突发事件应急调度、远程指导于一体的应急调度桌面推演室。

四、丰富文体活动，建设活力之家

分公司工会坚持开展读好书活动，积极创建职工书屋。分公司各分会共建设7个职工书屋，藏书量达12000册。其中创建一类职工书屋3个、二类职工书屋2个。根据行业特点及职工喜好，定期补充书籍，定期开展读书分享活动。六村堡收费站职工书屋被全国总工会授予"职工书屋示范点"称号。定期开展羽毛球、篮球、乒乓球比赛和趣味运动会，开展职工书法、绘画、摄影、剪纸比赛及诗歌朗诵、演讲、卡拉OK比赛等，丰富职工生活，陶冶职工情操，提升职工综合素质。开展职工春秋游、"我们的节日"等活动，弘扬中华优秀传统文化，增强职工向心力。

奋楫扬帆再出发，勇毅前行谱新篇。今后，西长分公司工会将继续深入学习贯彻习近平新时代中国特色社会主义思想，用心用情建好职工之家，让职工在"家"中感受温暖，在"家"中成长成才，把职工之家真正打造成职工心中的"家"。

柔肩织暖绽芳华

——记全国优秀工会工作者陕西省道路运输事业发展中心工会副主席
　明丽婕

"把温暖写进行业血脉，用
坚守诠释工会情怀。"作为工会战
线的耕耘者，她以柔肩担起万家安
宁，在服务职工的阵地上默默耕
耘。职工食堂的烟火气里跃动着她
调研的身影，深夜调解室的灯光中
回荡着她据理力争的声音，行业发
展的蓝图上镌刻着她建言献策的印
记。二十载春秋，她用真情与担当
架起连心桥，将政策温度化作滋润
千万职工心田的春日细雨；百余
项创新，她以专业与热忱织就保障
网，让工会力量成为助推行业发展
的不竭动力。她的名字，早已刻在
职工的心中；她的故事，是新时代
工会工作者坚守初心、传递温暖的
生动写照。

明丽婕，女，共产党员，1991年参加工作，2003年开始从事工会工作，现任单位工会副主席兼办公室副主任。在明丽婕同志的带领下，单位工会荣获"年度目标考核优秀单位""脱贫攻坚竞赛先进单位""互助保障工作先进单位"称号。此外，在各类比赛活动中，单位先后获"一等奖""最新创作奖""道德风尚奖""优秀组织奖"等。明丽婕同志个人也连续多年被上级工委授予多项荣誉称号。其中，2015年、2016年被陕西省总工会授予"职工互助保险先进工作者"荣誉称号，2018年被陕西省总工会授予"省优秀工会工作者"荣誉称号。

一、坚持政治引领，筑牢工会工作根基

明丽婕同志始终将学习贯彻习近平新时代中国特色社会主义思想作为工会工作的指导原则，引领工会工作沿着正确的政治方向前进。一是强化职工的思想建设。通过组织职工学习政策及热点事件，及时化解职工思想矛盾，帮助职工树立正确的政治立场，确保职工思想同党中央保持高度一致。二是完善工会制度建设。起草《在职职工互助保障办法》等制度，使工会工作有法可依、有章可循，提升了工会工作的规范化、制度化水平。三是加强工会工作能力建设。加强工会专职和兼职干部的自我学习及职工职业道德教育，鼓励职工爱岗敬业，在工作中争先创优，打造了一支高素质的工会干部队伍。

二、加强工会建设，发挥工会职能作用

明丽婕同志积极推进工会建设，不断拓展工会服务职能，取得了显著成效。一是深化职代会建设。推进厂务公开，保障职工合法权益，通过

职代会审议各项与职工利益密切相关的方案，让职工充分参与单位管理，增强职工的主人翁意识。二是将机关精神文明建设和工会工作有机结合。完成职工书屋、活动室和食堂等建设，做到制度公示上墙、场地定期开放，并每年定期组织各类文体活动，凝聚人心、增强合力，营造了良好的文化氛围。三是组织职工参加各类培训活动，包括技能、安全、法治等方面的培训，推动职工在本职岗位上建功立业，提升职工的综合素质和业务能力。

三、关心关爱职工，维护职工合法权益

明丽婕同志始终将关心关爱职工、维护职工利益作为工会工作的核心使命，用实际行动温暖职工心田。一是主动关心职工。及时掌握职工家中变故，每逢大事及时上门，让职工感受到"大家庭"的温暖。如得知单位同事的家属患有重病时，紧急组织职工开展献血、捐款活动，解决了职工的燃眉之急。二是关心困难职工及特殊职工。坚持开展"送温暖"活动，节日时走访慰问离退休职工及特殊职工家庭，给予困难职工最大限度的帮扶。近年来，累计慰问在职的困难职工、离退休困难人员及已故职工遗属170余人，发放慰问款约18万元，把温暖送到每一位需要帮助的职工心中。三是关心职工身心健康。为在职职工办理住院险和意外险，为女职工办理特殊疾病互助保险；自2015年至2022年底，累计报销费用10余万元，受到职工的一致好评，受到上级单位的表扬。

四、服务行业发展，积极担当作为

明丽婕同志立足岗位，积极奉献，为服务行业的发展做出了突出贡

献。一是组织多项行业活动，如全省道路运输行业安全知识竞赛、"秦汉杯"汽车驾驶教练员职业技能大赛及"安全月"宣传活动等，推动了行业职工技能提升和安全意识增强。二是开展调研工作。起草《全省出租汽车行业职工队伍状况调研报告》，为行业决策提供了有力支持。三是协助推进货运物流企业工会组建及货车司机入会工作，贯彻落实中国海员建设工会、省总工会和省交通运输工会推动出租车及货运司机集中入会工作，维护了职工的合法权益。

在脱贫攻坚及乡村振兴工作中，明丽婕同志积极响应组织号召。她主动关心驻村工作队的需求，协助解决帮扶干部的后顾之忧。发挥工会的关爱帮扶职能，对帮扶村部分居民家庭出现的生活困难等情况，第一时间通过组织捐款等形式帮助其渡过难关。她将帮扶工作落到实处，为乡村振兴贡献工会力量。

陕西省五一劳动奖

在三秦大地，陕西省铁路集团有限公司以钢铁为笔，勾勒出铁路建设的壮丽画卷，奏响了时代发展的强音。以党建为笔，绘就发展与责任的宏伟画卷，为陕西轨道交通注入澎湃动力。未来，集团将继续逐梦扬帆、砥砺奋进，续写铁路建设的壮丽诗篇。

扬帆铁道启新篇

——记陕西省五一劳动奖状获得者陕西省铁路集团有限公司

陕西省铁路集团有限公司（以下简称陕铁集团）成立于2016年10月，现有员工437人，所属二级子公司6家，三级子公司7家，参股合资铁路公司8家，注册资本563.6亿元。公司自成立以来，在铁路建设、项目谋划、科技创新、安全生产、党群工作等方面取得了显著成绩，为陕西轨道交通高质量发展注入澎湃动能。

一、高铁建设取得新突破

陕铁集团在高铁建设领域取得了显著的成就。累计完成铁路投资637.78亿元，其中用于高铁建设的省级配套出资291.31亿元，为陕西铁路建设提供了坚实的资金保障。在项目推进过程中，公司完成了《西延、西康、西十高铁征地拆迁费超概算核查报告》，为省政府批准增加征拆资金116亿元提供了关键依据，有力地推动了高铁项目的顺利实施。

2023年11月5日，延榆高铁项目顺利开工，创造了同类项目最快审批和开工纪录，彰显了公司在铁路建设中的高效执行力。同时，公司积极探索产业开发新路径，研究铁路沿线土地资源的综合开发模式，以新建高铁站站城一体化开发为突破口，完成了榆林南站、商洛西站、安康西站综合开发策划方案的编制工作，为陕西铁路的可持续发展提供了新动能。

二、项目谋划和科技创新取得新成果

陕铁集团在项目谋划和科技创新方面成果丰硕。西安南站铁路物流项目成功入选国家综合货运枢纽补链强链项目，标志着公司在物流枢纽建设方面取得重要进展。凤翔Ⅲ场项目于2023年10月12日通过中国铁路西安局集团有限公司竣工验收，并于12月26日取得开通批复文件，进入试运行阶段，进一步完善了区域铁路货运系统。

公司还编制完成了《榆林地区铁路货运系统初步规划与投资建设运营管理方案》和《陕北地区货运铁路相关情况报告》，其中提出的13个项目均纳入榆林地区铁路货运系统初步规划，为区域货运铁路发展提供了科学指导。在旅游轨道项目方面，秦岭旅游轨道项目完成了《可行性研究报告》，并同步完成了《陕西省旅游轨道产业研究报告》，为陕西省旅游轨道产业的发展奠定了基础。

近年来，陕铁集团在知识产权方面也取得了显著成就，先后获得11项软件著作权登记证书、20项实用新型专利和1项发明专利，发布实施5个地方标准，另有2个地方标准正在制定中，这体现了公司在科技创新方面的强大实力。

三、安全生产保持零事故

陕铁集团始终将安全生产置于首位，坚持"底线"思维，强化"红线"意识，持续健全安全生产和应急管理体系，严格落实各级安全生产管理责任。

在环保方面，公司严格贯彻环保"三同时"要求，加强源头治理和过程控制，严格落实项目现场生产垃圾处理、生活污水排放和货运铁路抑尘等重要环保措施，确保项目建设与环境保护协调发展。自集团成立以来，未发生一起安全生产责任事故或环保责任事件，集团连续七年保持安全生产零事故的记录，充分展现了集团在安全生产和环保工作中取得的卓越成绩。

四、党群工作呈现新亮点

陕铁集团坚持党建与业务深度融合，围绕企业发展战略，聚焦重点目标任务，完成了《推动完善我省铁路高质量发展机制》等36项调研课题，有效推动主题教育成果转化落地，取得显著成效。公司持之以恒纠治"四风"，筑牢中央八项规定精神堤坝，深入开展了"政绩工程"、统计造假、违规使用公务加油卡等问题专项整治，并深化整治成果运用，为清廉轨道交通建设提供坚强的纪律保障。

在劳动竞赛及文体活动方面，陕铁集团取得了优异成绩，先后获得第七届全国职工健身排舞大赛一等奖、陕西省健身排舞大赛一等奖、省国资系统职工运动会二等奖、省交通运输系统劳动竞赛"优秀组织奖"、职工趣味运动会团体第二名。同时，集团所属单位也先后获评陕西省厂务公开职代会"五星级单位"称号，其中有7个班组和个人获评陕西省交通运输系统"优胜班组""优秀个人"荣誉称号。

风正劲，千钧重任再扬帆。陕铁集团将紧密地团结在以习近平同志为核心的党中央周围，紧紧围绕企业改革发展目标，凝心聚力、砥砺前行，在构建省域铁路新发展格局、助力陕西轨道交通高质量发展的伟大征程中，继续发挥重要作用，贡献陕铁力量！

松柏筑路映初心

——记陕西省五一劳动奖章获得者陕西交控集团西永曲太高速公路改
扩建管理处项目负责人宋剑

　　他用脚步丈量大地，以匠心铸就通途。他似松柏，"千磨万击还坚劲，任尔东西南北风"，在荒野中坚守，在困难前不屈；他如明灯，"长风破浪会有时，直挂云帆济沧海"，照亮了公路建设前行之路。三十载春秋，他以共产党员的初心为墨，以工程师的精准为笔，勾勒出一条条钢铁丝路，为三秦大地的发展铺就了坚实的通衢大道。

宋剑，男，汉族，1972年1月出生，共产党员，研究生学历，正高级工程师，现任陕西交通控股集团有限公司西永曲太高速公路改扩建管理项目负责人。2014年，被陕西省劳动竞赛委员会评为陕西省重点工程建设劳动竞赛先进个人；2023年，被中国公路建设行业协会授予"优秀项目建设者"称号。此外，个人还获2015年度陕西省科学技术奖。

一、工地为家深耕不辍的筑路人

宋剑的职业生涯始于G210国道黄陵段的建设工地，初出茅庐的他迅速投身施工现场，从施工测量放线，到带领工人填路基、修挡墙、铺路面，凭借吃苦耐劳的精神和精湛的业务能力，逐渐成长为技术骨干。此后，他转战西宝、凤永高速公路项目，在广袤的三秦大地上挥洒汗水。调任新疆乌奎高速公路项目期间，他历经五年的艰苦磨砺，在与恶劣环境和复杂技术难题的顽强斗争中，实现了从技术骨干到部门带头人的华丽转变。

在青兰高速公路项目建设期间，他翻阅上千份投标文件，完善几百份工程合同，为项目提前建成通车立下汗马功劳，并见证了陕西高速公路突破3000千米的辉煌成就。在神府高速公路项目建设中，他肩负起项目质量与安全的重任，以高标准、严要求提前完成了任务。在西咸北环高速公路西段工作组期间，他勇挑前期筹建、施工准备与管理等重担，从场站选址到施工组织设计审查，再到交叉工程迁改协调，展现了其卓越的项目统筹能力。

二、率先垂范的项目建设带头人

子长至姚店高速公路项目作为全省采用设计施工总承包模式建设的最

大项目，于 2017 年 7 月交由宋剑全面负责。在项目设计阶段，他带领团队优化方案、选线比较、细化设计，成功使工程概算较估算减少近 3 亿元。施工期间，他精心制定计划，协调征迁难题，克服陕北地区施工期短及其他不利因素的影响，提前半年实现项目通车。

在技术创新上，宋剑带领团队研究隧道钢构件工厂化生产的可行性，亲自选点规划厂区，创新性地将等离子切割、锚杆缩尖、自动成孔、钢拱架自动冷弯、钢筋网片排焊等工艺一体化，实现了全线隧道钢构件的统一生产与配送，提升了生产效益和工程质量合格率，为全省高速公路隧道钢构件生产树立了标杆。2023 年 12 月，项目竣工验收，与概算相比节约投资 2.19 亿元，项目荣获 2022—2023 年度公路交通优质工程奖。

三、科研创新践行者

在推进工程建设的同时，宋剑高度重视科技创新，积极与科研院所合作，开展多项课题研究并取得显著成果。作为课题技术负责人，他主持完成了陕西省交通运输厅科研项目《公路交通标线质量控制及耐久性提升关键技术研究》；陕西省交通控股集团有限公司科研项目《桥址滑坡治理评估及长期健康诊断研究》《新型胶凝高强材料路面基层修筑技术研究》等。其中，《桥址滑坡治理评估及长期健康诊断研究》有效解决了滑坡治理评估和桥梁—滑坡长期健康诊断系统的多项技术难题，避免了潜在的经济损失和人员伤亡，在工程中的应用效果显著，前景广阔。

作为骨干，他参与完成了陕西省交通运输厅科研项目《高速公路长大上坡沥青路面动力响应与设计指标研究》、交通运输部西部交通建设科技项目《建筑垃圾在公路工程中规模化综合利用的关键技术研究》。

三十多年来，宋剑同志以饱满的工作热情和昂扬的斗志，持续奋战在公路建设一线，带领团队攻克重重难关，以实际行动践行共产党员的初心和使命，用青春与奉献铸就了一条条通往幸福的康庄大道，为陕西省经济社会发展做出了贡献。

"黄沙百战穿金甲，不破楼兰终不还。"他们如钢铁卫士，于广袤大地上挥洒豪情。他们是路桥铁军，用汗水与智慧铸就通途。他们以创新为翼，推动企业高质量发展；以匠心为笔，书写品质工程的诗篇。他们就是在交通强国的建设浪潮中，绘出壮丽建设画卷的陕西交通控股集团有限公司路面工程有限公司水稳一工班。

广袤大地的钢铁卫士

——记陕西省工人先锋号获得者陕西交通控股集团有限公司路面工程有限公司水稳一工班

水稳一工班（雷霆班组）由共产党员和共青团员共15人组成，是一支充满活力的青年团队。班组为深化党建与生产的融合，在施工一线设立

党员先锋岗，发挥党员先锋模范作用，引领全员攻坚克难，形成"一品牌一旗帜，一批典型带全局"的局面。班组积极开展"传、帮、带"活动，

营造经验共享、互助共进的氛围，为团队建设夯实根基。在施工中注重技术创新，积极应用新技术、新工艺，提升核心竞争力。班组多次获"党员先锋队""青年突击队"等荣誉称号，2022年和2023年连续获省级、集团"优秀班组"荣誉称号。

一、弘扬工匠精神，铸就品质工程

　　水稳一工班（雷霆班组）以认真负责的态度对待每一项工程，凭借技术优势和高品质履约，践行集团"品质工程"战略。2021年，在西安外环高速公路南段项目中，班组承担沥青路面摊铺任务，采用"5+2""白+黑"模式加速推进项目。为确保冬季低温施工质量，创新采用"高温拌、快运输、连续铺、及时压"方案，配合沥青混凝土摊铺机，成功攻克施工难题。2022年，在京昆高速公路改扩建项目中，班组通过高效组织和24小时不间断作业，在3天内完成跨线桥路面施工。2023年，在青银高速吴绥段专项维修整治工程中，班组长李波带领团队优化交通保畅方案，采用"一桥一策"方案解决桥面病害，提前40天完工。

二、狠抓安全质量环保，建设平安工地

　　水稳一工班（雷霆班组）严格遵循安全质量环保要求，施工现场做到工完场清，落实洒水降尘等环保措施。为建设平安工程，班组坚持"安全第一、预防为主、综合治理"的方针，强化员工对工作安全和质量环保的意识。通过班前、班后安全教育，增强员工的安全意识。同时，加强安全质量监控，严格执行项目质量管控制度，确保每道工序符合质量安全标准。截至目前，班组参与的工程项目未发生任何质量事故。

三、创新驱动提质增效，助推企业高质量发展

　　水稳一工班（雷霆班组）积极落实公司提质增效方案，通过精细化管理降低成本、提高工作效率。遵循指标先行、动态管理等原则，采取提高机械利用率、降低油耗、减少材料周转量等措施，实现降本增效的目标。班组鼓励成员参与精细化管理，提升过程管控水平，增强团队内生动力，确保项目顺利履约。同时，他积极参与科技创新工作，完成5项实用新型专利，申报1项发明专利，并在施工中开展小发明、小创造，有效降低了资源消耗，提高了生产效率，为企业带来经济效益。

星夜守望者

——记陕西省工人先锋号获得者西安市西城出租汽车有限公司西城
　服务标兵车队

　　他们默默地在三秦大地上书写着动人的故事。他们用真诚架起与乘客信任的桥梁，用爱心传递行业温暖。他们在凛冽的寒风中化作守护者，在静谧的夜色里守护着城市安宁。作为新时代出租汽车人的楷模，他们以行动书写行业辉煌，让文明服务之花绽放于古城西安。

西安市西城出租汽车有限公司服务标兵车队成立于2007年4月29日，目前拥有36辆车和80多名驾驶员。车队以争创文明单位、提升公司服务品牌和行业整体形象为目标，秉持"树服务标兵形象，做行业先锋，热情、周到地服务每一位乘客"的宗旨，严格遵守行业法规，积极参加公益活动。

车队严格遵守《西安市出租汽车管理条例》《西安市出租汽车车容车貌达标标准》《西安市巡游出租汽车规范服务标准》等行业法规，积极参与了"垃圾不落地西安更美丽""礼让斑马线文明车让人""爱心送考"等公益活动。车队荣获了西安市总工会2013"工人先锋号""全国见义勇为英雄司机""陕西省道德模范"等荣誉称号。

近年来，服务标兵车队成绩斐然。驾驶员孟谋林荣获"全国见义勇为英雄司机""陕西省见义勇为先进分子""西安市见义勇为先进个人""五星级驾驶员"等荣誉称号；驾驶员牛智刚获"全国见义勇为英雄司机""西安市道德模范""1043百姓英雄""五星级驾驶员"等荣誉称号。2018年10月中旬，标兵车队全体驾驶员积极参与西安市出租汽车管理处和西安出租汽车协会联合发起的"西安关爱老人乘车计划"，以实际行动彰显标兵车队的品牌形象。十多年来，标兵车队凭借诚信建立了与乘客的互信，培养了驾驶员高尚的道德情操，为出租汽车行业文明规范服务树立了新时代标杆，成为行业典范。

服务标兵车队作为"志愿者服务队"的一员，西城公司在中国志愿服务网和陕西"志愿云"平台注册了近70名志愿者，累计志愿服务时长超过22000小时。车队通过开展"爱心车厢""爱心送老""免费接送透析病患老人""无偿献血""社区公益""星星家园残疾儿童帮扶""金盲杖训练营服务保障"等活动，积极践行社会责任。此外，车队还参与了"120急救中心支援""95128应急交通运输保障"等专项任务。

服务标兵车队成立16年来，依靠诚信建立了与乘客之间的信任。在月度审查日会议上，通过现场互动分享经验，提高了驾驶员文明驾驶素养。该车队为行业文明规范服务树立了典范，展现了新时代出租汽车人的优秀品质和精神风貌，树立了行业文明服务的新标杆。

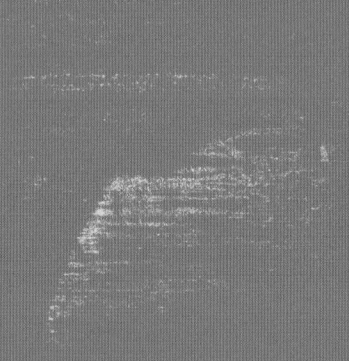

陕西省职业技能大赛

刘飞是一名普通的出租汽车驾驶员，他在平凡的岗位上，以优质服务和高度的责任心赢得了乘客的广泛赞誉。他积极投身公益，助人为乐，英勇救火……用行动诠释着党员的责任和担当。他如同城市里的一抹温暖微光，虽平凡却熠熠生辉，以微光之名，点亮城市，温暖人间。

萤火耀古城

——记陕西省技术能手西安前进出租汽车（集团）有限公司驾驶员刘飞

刘飞是西安前进出租汽车（集团）有限公司"共产党员号"车队、陕AD76527出租汽车的驾驶员。多年来，他以优质的服务、高度的责任感和满腔的工作热忱，始终坚守安全行车、礼貌待客的原则。自驾驶该车辆以来，从未发生过任何事故，在平凡的岗位上创造了不平凡的业绩。他先后荣获"服务标兵"等称号，在陕西省第三届"三秦工匠杯"职工职业技能大赛中获得出租汽车（巡游网约）驾驶员一等奖，并获"陕西省技术能手"称号。

　　刘飞积极投身公益，加入公司"爱心车厢"志愿服务团队，免费帮助高龄老人出行。一次，他发现两位老人因脚扭伤而拦车未果，便主动停车，将老人送至医院，帮忙挂号后悄然离开。面对老人家属的感谢，他平静地回应道："我家也有老人，遇到这种情况肯定要相助。"

　　2018年7月1日23时，临潼区岩张大队柳沟村麦田突发大火，火势逼近村庄。刘飞与其他几名"的哥""的姐"路过时发现火情，立即用灭火器和树枝参与扑救。经过近一小时的奋战，大火被扑灭，随后他们悄然离开。刘飞英勇救火时受了伤，但当时只想着尽快扑灭大火，防止火势蔓延。

　　2020年5月16日凌晨，刘飞在太元路发现一辆私家车侧翻，车内三人受伤。他迅速将伤者送往唐城医院救治，并协助联系司机的家人，待家属赶到后默默离开。

　　刘飞虽是一名普通驾驶员，但他始终以党员的标准严格要求自己。多年来，他以饱满的热情、文明的服务、真诚的微笑，在平凡的岗位上不懈追求，像一株朴实无华的小草，默默奉献，为社会增光添彩。

网约司机的平凡之歌

——记陕西省技术能手首汽约车驾驶员薛武

　　在西安这座古城的大街小巷，有一位网约车司机薛武。他以车轮丈量责任，用行动书写担当。他用细致入微的关怀，为乘客营造家一般的舒适环境；用耐心与微笑，缓解乘客旅途中的疲惫。薛武的故事如平凡中的赞歌，激励着万千劳动者在岗位上绽放光芒，以行动书写不凡，传递社会正能量。

在西安的大街小巷，有一位叫薛武的网约车司机，他既是平凡的从业者，更是陕西省第三届"三秦工匠杯"职工职业技能大赛出租汽车（巡游网约）驾驶员决赛一等奖的获得者。薛武用行动诠释了网约车司机的责任与担当，展现了新时代劳动者的风采。

初入网约车行业时，薛武便深知扎实的驾驶技术的重要性。他利用业余时间深入学习汽车原理和机械构造等知识，积极参加驾驶技能培训，不断提升自己的驾驶技术。凭借精湛的驾驶技术，他在职工技能大赛中脱颖而出，荣获一等奖。

对薛武而言，驾驶技术只是必备的基础技能，提供优质服务才是其工作的核心。他秉持"乘客至上"的理念，注重服务细节。每次出车前，他都会仔细检查车辆卫生，确保车内整洁舒适；根据乘客需求，提供个性化服务，如准备饮用水和充电设备等。遇到特殊乘客，他会主动照顾，帮忙搬运行李、搀扶他们上下车。有一次，一位乘客在车内遗落了重要文件，薛武发现后迅速联系乘客并归还文件，赢得了乘客的赞誉。

在日常工作中，薛武积极传播文明出行的理念。他主动向乘客宣传交通法规，提醒乘客系好安全带，倡导文明乘车。他的车上常备宣传资料，方便向乘客普及交通安全知识。他还积极参与公益活动，为贫困地区学生捐赠学习用品，传递爱心。

薛武时刻关注行业动态和新技术的发展。他积极学习网约车平台的运营规则和服务标准，不断提升服务质量。同时，关注新能源汽车的发展趋势，率先尝试驾驶新能源网约车，为节能减排贡献力量。他通过实践向同行分享新能源汽车的使用经验和技巧，推动行业绿色发展。

薛武从普通网约车司机成长为技术能手，凭借对驾驶技术的极致打磨、对乘客的真诚服务、高度的责任感，他的事迹激励着更多网约车司机为行业发展贡献力量。未来，薛武将继续发挥带头作用，以饱满的热情和专业的服务，为乘客提供更优质的出行体验，为陕西省网约车行业高质量发展谱写奋进篇章。

"这辆穿梭于千年古都的网约车，载着文明的温度驶向四方。"王波师傅以方向盘为笔，于五载春秋间铸就城市摆渡人的精神丰碑。从高考季系起"必胜红丝带"护送学子逐梦，到独创"三心服务法"满足万千需求，再到"五查工作法"守护十万公里平安路。他在十米车厢践行《礼记》"君子贵人而贱己"的哲思，让千年古城的文明基因在现代车轮上生生不息。

十米车厢载春秋

——记陕西省技术能手滴滴出行驾驶员王波

在西安这座千年古都，晨曦洒在钟楼金顶之时，网约车司机王波师傅已完成了车辆消毒，整理好了随车物品。这件普通却意义非凡的事，他五年如一日地坚持着。他在方寸驾驶室内展现着当代城市摆渡人的精神风貌。

每年高考季，他的车窗总会贴上"爱心送考"的标识，后座备有应急文具箱和清凉油，后视镜上挂着"金榜题名"的香囊，他见证了数百名考生奔赴考场的场景。

在日均10小时的驾驶中，他独创"三心服务法"：雨天备伞、暑天备水、寒冬备暖贴，体现贴心；对老年乘客放慢语速、对商务乘客开启静音模式，彰显细心；熟记200余处文化地标、整理出30条美食线路，饱含用心。他的后备厢常备古城手绘地图，当外地游客询问回民街哪家的腊牛肉地道时，他能如数家珍地比较各家老字号的口感。

安全驾驶10万公里无事故的记录背后，是他近乎苛刻的自我要求。他独创的"五查工作法"（查胎压、查灯光、查制动、查仪表、查卫生）已成为公司驾驶员安全操作规范。遇到醉酒乘客，他会主动调低空调温度、备好清洁袋；遇到赶火车的乘客，他宁可提前半小时到达也不超速抢行。他用实际行动诠释了职业驾驶员的责任担当。

夜幕降临时，王波常把车停在永宁门附近。望着城墙根下跳广场舞的老人、拍照打卡的情侣、嬉笑奔跑的孩童，这位把车厢当成会客厅的司机师傅露出了满足的笑容。"乘客下车时的笑脸，就是给我的五星好评。"

如今，王波师傅依然每天穿梭在古城的大街小巷。他的车厢里，陕西方言与各地口音交织成独特交响曲，车轮碾过的每道车辙都镌刻着从业者的温度。这个看似普通的网约车司机，用四米车厢搭建起理解与信任的桥梁，让千年古都的文明基因，在现代交通的毛细血管中生生不息。

青春铸就工程碑

——记陕西省技术能手陕西高速公路工程试验检测有限公司试验监测
员赵海滨

他以毫米级精度丈量三秦路网，用十余载光阴铸就工程质量守门人的职业丰碑。从商漫高速的桩基首检到西汉高速的边坡监测，从规范标准的践行者到安全生产的守护者，赵海滨用检测仪勾勒出陕西高速的无形安全屏障。当深夜实验室的灯光映照着检测报告上密密麻麻的数据时，这位高级工程师仍在用塞尺丈量精度、用探地雷达探测深度……

赵海滨，43岁，毕业于西安理工大学，2007年入职陕西高速公路工程试验检测有限公司，主要从事高速公路桥梁桩基桩身完整性检测工作。入职初期，他先后参与了商洛至漫川关高速公路、安康至毛坝高速公路、十堰至天水高速公路陕西段、榆林至神木高速公路等项目的桩基检测工作。之后，赵海滨作为现场检测负责人，完成了汉中至陕川界高速公路、汉中至坪坎高速公路、太白至凤县高速公路、宝鸡至坪坎高速公路、安康至岚皋高速公路等项目的桩基检测工作，并负责编写项目检测报告与项目计量支付工作方案。近年来，他的工作领域进一步拓展，涵盖了高速公路地基与基础检测、高速公路边坡锚杆索检测、高速公路滑坡监测以及高速公路桥梁定期检查等。

在专业成长道路上，赵海滨通过不懈努力，考取了公路水运工程试验检测专业技术人员职业资格证书。在职称方面，他于2017年取得工程师职称，于2024年晋升为高级工程师。

他始终以严谨负责的工作态度，不推诿、不拖延，认真完成每一项工作。他熟练地掌握了工程检测相关的国家标准，这些标准是试验检测工作的基础，也是必备的专业知识。在日常工作中，他不仅认真完成生产任务，还坚持学习和巩固相关知识，积极参加公司组织的各类培训。自参加工作以来，他先后参与并负责了多个高速公路检测项目。在这些项目的检测过程中，他积累了大量的现场实践经验，并将理论与实践相结合，对检测结果进行了深入分析和总结，极大地提高了自己的综合业务能力，积累了宝贵的工作经验。他注重团队协作，营造出和谐的工作氛围，使大家心往一处想、劲往一处使，从而高效地完成各项工作任务。他始终重视安全生产管理，牢固树立"安全无小事，细节决定成败"的安全意识，严格遵守安全生产规章制度，确保安全生产无事故。

过往成绩已成历史，展望未来，他将保持兢兢业业的工作态度，努力学习，刻苦钻研，秉持工匠精神，持续提升个人专业水平，为公司发展贡献力量，在平凡的岗位上继续绽放不凡的光芒。

当银鹰掠过秦岭之巅，这位空保卫士以鹰隼之姿巡航万米高空，用汗水铸就安全长城。他说："守护旅客安全是我的使命，也是我一辈子的承诺，我愿为此奉献一生。"他深知空保工作容不得丝毫懈怠，便始终将安全工作奉为人生最高职责。苍穹见证，他以热血作翼，为每一次云端之途镌刻下平安印记。他就是那位在蓝天之上守护安全的空保卫士——徐垚。

机舱内的隐形卫士

——记陕西省技术能手中国东方航空股份有限公司西北分公司空保管理部空保三分部安全员徐垚

徐垚，1992年出生，共产党员，本科学历，2014年12月参加工作，现为中国东方航空股份有限公司西北分公司空保管理部空保三分部安全员。自参加工作以来，他始终认真学习党的路线方针政策，严格遵守国家法律法规，以高度的责任感和使命感，全身心投入航班安全工作中，其突出的业绩、勤政务实的工作作风得到了领导的充分肯定。

一、开拓进取，刻苦钻研

在近十年的飞行生涯里，徐垚时刻保持着高度的自觉性和责任感，将提升个人体能、技能与理论水平视为首要任务，全身心投入航班安全工作中。他以"恪尽职守，保驾护航"为目标，无论是在日常训练、工作之余的学习锻炼中，还是在航前准备阶段和飞行过程中，始终严格遵循标准执勤流程，以高标准、严要求的态度对待每一班航班任务。

从事航空安全员工作以来，徐垚深知航空安全员工作环境的复杂性及服务旅客群体的多样性，因此始终将自己摆在学习者的位置，不断汲取知识，在实践中磨炼、提高自己。他充分利用休息时间手不释卷，坚持学习，不断提升自身的业务水平和文化素养，以达到更新服务观念、践行求真务实、更好地为旅客服务的目的。

二、业精于勤，自我精进

2020年，经过严格考核选拔，徐垚成功入选秦盾特勤班组。他深知履行职责离不开良好的体能素质和扎实的业务技能，于是严格要求自己。在体能训练上，他总是比其他人更刻苦，别人练两次，他就练三次，甚至更多次。一年四季，他刻苦训练的脚步从未停歇。

在十多年的工作中，他兢兢业业、勤勤恳恳、任劳任怨，不计名利得失，服从安排，顾全大局，坚持"精益求精、一丝不苟"的原则，认真对待每一件事、每一项工作，不断提高工作效率和工作质量，并出色地完成组织交办的各项任务。

航休期间，徐垚不断加强对业务知识的学习，熟悉相关法律法规，针对飞行过程中的突发事件制定详细的应急预案，提升应急处置能力。对于飞行的四个阶段，他都秉持百分之百严谨的态度，绝不让任何疏漏影响飞行安全。他积极提升自身技能，连续两年参加空警安全员岗位技能大赛，如今带着"陕西省技术能手"的称号凯旋而归。

三、不辱使命，负重前行

徐垚同志清楚地认识到，荣誉已是过去，未来还有很长的路要走。他将以"陕西省技术能手"称号为新的起点，继续努力，不断提升自己的专业技能和综合素质。他将以更饱满的热情、更严谨的态度、更务实的工作作风，为航空安全事业贡献自己的力量。

此外，他也非常注重团队协作，与乘务组其他人员密切配合，共同维护客舱秩序。他主动与同事们沟通交流，分享自己的经验，提升团队的整体能力。

作为一名航空安全员，徐垚深感自豪和光荣。他将倍加珍惜这份荣誉，不忘初心，砥砺前行，为建设民航强国而努力奋斗。他坚信，在每一位航空安全员的共同努力下，定能为广大旅客打造安全、舒适、便捷的出行环境，为我国航空事业的发展做出更大的贡献。

陕西产业工匠人才

在广阔的公路设计领域，有一位令人敬仰的行业工匠，他以卓越的专业技能、持续的创新精神和对事业的无限热爱，默默奉献在交通建设一线。他就是中交第一公路勘察设计研究院有限公司第六交通设计院高级工程师赵立廷。他用实际行动证明；只要心怀梦想、脚踏实地，就能在所属领域中取得不平凡的成就。

公路设计者的大地诗行

——记陕西产业工匠人才中交第一公路勘察设计研究院有限公司第六交通设计院高级工程师赵立廷

一、初心如磐，矢志不渝

2004年，赵立廷同志加入中交第一公路勘察设计研究院有限公司，自此与公路设计结下不解之缘。他毕业于哈尔滨工业大学交通工程专业，扎实的专业知识为他的职业生涯筑牢了根基。凭借出色的专业能力和认真的工作态度，他迅速成长为团队骨干，并担任第六交通设计院（以下简称六交院）总工程师。

在多年的职业生涯中，赵立廷同志始终牢记初心和使命，以高度的责任感和使命感投入到每一项工作中。他深知，公路设计不仅是技术活，更是良心活，每一个细节都关乎人民群众的生命安全。因此，他始终保持着严谨细致的工作态度，力求每一项设计都能达到最佳效果。

二、国际舞台，彰显实力

阿尔及利亚东西高速公路项目被誉为"世纪工程"，是该国建国以来建设等级最高、地质条件最复杂的公路项目。2007年，赵立廷毅然投身其中，担任项目西标段设计驻地负责人，负责互通式立交设计及综合管网设计工作。

面对这一国内少见且技术难度较高的设计任务，他没有退缩，而是迎难而上。凭借着扎实的专业知识和丰富的实践经验，他迅速理清设计思路，带领团队完成了西标段综合管网设计。在设计过程中，他充分发挥专业优势，带领团队克服重重困难，攻克了一系列技术难题。他深入现场，实地考察地形地貌，并结合当地实际情况，创造性地提出了多项设计方案。最终，中国建设者依靠强大的基建实力和顽强拼搏的精神，向阿方交上了一份圆满的答卷。东西高速公路成为连通阿尔及利亚东西的希望之路和发展之路。

三、匠心筑路，情系边疆

2010年，赵立廷承担了新疆昭苏至温宿公路方案研究这一重要任务。这条公路对改善当地交通条件、促进区域经济发展具有重要意义。

在方案研究过程中，赵立廷展现出了非凡的勇气和坚定的决心。为查清项目沿线地质地貌，他不惧危险，深入一线。利用四天时间，与团队协同作战，通过骑马与徒步的方式完整地翻越了天山夏特古道。在翻越天山夏特古道时，他们克服了无数艰难险阻，最终获取了许多珍贵的现场资料，为科学合理地制订研究方案提供了有力依据。方案研究成果得到交通运输厅相关领导的高度认可，也为项目的顺利进行提供了有力保障。

四、技术引领，标准先行

赵立廷不仅注重实践创新，而且致力于推动行业技术标准的制定和完善。在他的组织下，六交院开展了多项科研工作，其间，他以主编身份主持了《炭质软岩路堤设计与施工技术指南》的编写工作。

在编写过程中，他充分发挥自己的专业优势和实践经验，提出了多项具有创新性和实用性的建议，解决了炭质软岩地区公路建设中面临的问题，填补了该领域的技术空白。

五、传道授业，培养新人

赵立廷深知人才是事业发展的根基。因此，他在做好本职工作的同时，还积极发挥"传帮带"作用，倡导"传出智慧、帮出成长、带出文化"的精神，将专业知识和实践经验无私地传授给年轻人。

他经常组织技术交流和培训活动，鼓励年轻设计人员勇于创新、敢于担当。在他的悉心指导下，一批优秀设计人才脱颖而出，为公司的长远发展注入新的活力。

赵立廷以卓越的专业技能、不懈的创新精神和对事业的无限热爱，在公路设计领域书写专属辉煌篇章。他的先进事迹，既展现了产业工匠的精神风范，更树立起学习的标杆。在未来的日子里，我们相信赵立廷将继续以饱满的热情和坚定的信念，投身交通建设事业，为祖国的繁荣富强贡献自己的力量！

弧光里的舞者

——记陕西产业工匠人才中交西安筑路机械有限公司张海涛

在生产一线，他如一位淬炼星辰的匠人。弧光闪烁间，他将青春铸入钢铁的肌体。以焊枪为笔，以车间为纸，他在机械的轰鸣中绘出奋进的乐章。每一项技术突破、每一次难题攻克，都是他写给职业的炽热情书。他用责任和汗水诠释着工匠精神。他就是中交西安筑路机械有限公司的张海涛。

张海涛，男，1994年出生于陕西乾县，2015年4月参加工作，现为中交西安筑路机械有限公司装备分公司隧装车间一组班组长。入职以来，他始终以高度的责任心和敬业精神投入工作，对自己高标准、严要求，严格遵守公司各项规章制度，虚心向老师傅们学习，不断提升理论知识和专业技能，在平凡的岗位上创造了不平凡的业绩。2021—2023年，他先后获公司"优秀师傅""优秀班组长""优秀员工"等荣誉称号。

近两年，在他的带领下，小组全体成员不惧艰难，迎头奋进，累计完成沥青搅拌设备布袋除尘器总成及非标任务2300余吨，隧道装备试制8台。2020年以来，他带领全组员工完成搅拌设备干燥筒总成、布袋除尘及非标任务60余台，小组全年完成总工时286680小时。为使产品制作更规范合理，他精心编制了SG3000、SG4000、SG5000干燥筒、布袋除尘器的完整制作工艺。2020—2023年，他共提出合理化建议85条，被采纳47条，完成技术革新8项，创造经济效益20余万元。制作干燥筒蒙皮裁边工装、滚轮架无线遥控等大小工装、模具15套，提升了工作效率，保证了产品质量，积极响应了公司"提质、增效、降成本"的号召。

他积极响应公司"一专多能"号召，在公司焊接工人紧缺时，主动学习焊接技术，帮助小组员工提升技术技能，使小组成员成为多面手，达到自己制作、自己焊接的水平。张海涛本人的焊接水平可与高级焊接工相媲美，所焊焊缝多次获领导认可。

2024年公司推出隧道装备新产品研发项目，在试制阶段，工段面临从制造到装配的转型，遭遇人员分配、员工技能转变等诸多问题。他带领团队迎难而上，在实践中深入理解和掌握知识，注重技术创新和工艺改进，攻克多项技术难题，提高生产效率和产品质量，提前完成任务。在此过程中，他以身作则，培养员工的责任心和敬业精神，通过合理的激励机制和奖惩制度，激发员工的积极性和创造力。

产品出现问题时，他严格依照"四不放过"原则处理，找出原因，分析出问题，有效整改，加强教育，让小组员工在解决问题中长见识、有收获，提升判断分析能力，使今后的工作更得心应手。

张海涛大局观念强，吃苦耐劳，乐于奉献，接到任务后立即向组员传达部门工作要求，保质保量地完成任务。他关心集体、乐于助人、团结同志，在群众中威信高，无论是向灾区捐款捐物，还是同事家庭遇到困难，他都主动伸出援手，展现了入党积极分子的先锋模范作用，深受员工和干部的好评。

在收费亭内，王明洁如灵动的精灵翩然起舞。在键盘敲击声中，她以精准的操作为车流引航，用微笑服务温暖旅客的心房。从青涩新手到业务尖兵，她以奋斗为笔，在高速公路上勾勒出成长的轨迹。当创新灵感如火花迸发，她将智慧凝结成技术革新，使工作流程悄然发生蜕变。她怀揣着责任与热爱，编织着交通事业的锦绣篇章，于平凡岗位上绽放不凡光彩。

收费亭里的阳光精灵

——记陕西产业工匠人才陕西交通控股集团有限公司蓝商分公司王明洁

王明洁是陕西交通控股集团蓝商分公司的一名普通收费员，自2010年参加工作以来，她以党员的坚定信念为指引，凭借不懈努力和智慧，在工作中取得了令人瞩目的成绩。从一名操作型收费员逐步成长为科技创新与工匠精神兼具的技术尖兵，她的职业生涯充满了奋斗与创新的色彩。

一、学习标兵：从新人到业务骨干的蜕变

（一）初入职场的拼搏奋进

2010年，王明洁刚踏上工作岗位时，面对各类生疏的操作技能以及纷繁复杂的文件，她毫无惧色，毅然决然地向优秀标杆看齐。为了熟练操作键盘，熟悉操作流程，她在岗时争分夺秒地练习，下班后仍带着车道键盘的照片或打印的操作说明继续刻苦钻研，夜以继日，最终将单车放行时间缩短至国赛水准的6秒。与此同时，她持之以恒地整理政策法规和操作流程，用完的笔芯多达上千支，整理的材料满满当当塞了一书柜。多年的努力钻研让她在岗位操作技能和特情车辆处置方面积累了精湛的技能和丰富的经验。

（二）荣誉见证成长历程

历经十余年的锤炼，王明洁凭借过硬的工作能力斩获了众多殊荣，其中包括西安市质量管理先进个人、集团先进个人、巾帼标兵、运营先进个人、运营巾帼标兵、大道长安最美职工、铿锵有力好青年、星级收费员等。

二、创新先锋：以智慧之光化解实际难题

2022年，ETC车辆出口异常处置问题日益凸显，王明洁发挥创新思

维，成功研制出多转轴后视观察镜，显著提高了ETC车辆出口异常情况处置的效率。

2023年，王明洁将创新目光聚焦于人工站编码查询领域，成功研制出全国站编码查询软件，实现了收费现场"自助式、一站式"查询功能，缩短了查询时间，填补了收费站智能化编码查询软件的空白。此软件获得了软件著作权、发明专利，并荣获陕西省创新方法大赛一等奖。

三、传承引领：带动团队携手共进

王明洁在自身技能不断精进的同时，始终心系团队发展，积极参与"传帮带"活动。她精心制作课件，认真编写教案，形成了一套独具特色的6S培训方法。在她的悉心指导下，"强雁梦桃"班组成绩斐然，为团队建设树立了典范。

她耗时一年，全力以赴攻坚克难，精心撰写课题《缩短高速公路收费站特情车辆处理时间》。该课题凭借其创新性和实用性，先后荣获陕西省质量管理奖、西安市质量管理一等奖。此课题在2024年作为陕西省优秀质量管理典型案例参加全国比赛，一举夺得全国质量管理成果大赛一等奖。

四、社会责任：党员的模范风采

作为一名党员，王明洁始终牢记使命，积极投身各类公益活动。她热心参与守护独居老人、美化社区街道、拥军关爱老兵等公益项目，累计志愿服务时长突破700小时，以实际行动诠释了奉献精神，荣获"铿锵有力好青年""雷锋精神传承者"等称号。

2024年春节前夕，王明洁在泳池中发现一名溺水儿童，她毫不犹豫地展开救援行动，并迅速采取专业急救措施，成功挽救了一条鲜活的生命。她用果敢无畏的行动生动诠释了一名党员的先锋模范作用，以及一名交控人的责任与担当。

王明洁在交通行业的一线岗位上，始终秉持脚踏实地的工作作风、精益求精的工匠精神，以及开拓创新的进取精神，为企业的蓬勃发展做出了突出贡献。她不仅在业务领域取得了突出成就，还积极发挥引领作用，带动团队共同进步。她的先进事迹激励着更多的人在平凡的工作岗位上铸就非凡事业。

星光下的公路画师

——记陕西产业工匠人才汉中市公路局洋县公路段李新峰

　　在公路养护的世界里，李新峰是大地的守护者。他以执着为笔、以汗水为墨，在秦岭的山水间勾勒出安全通畅的道路。机械的轰鸣是他谱写的乐章，技术的革新是他绘制的画卷。他在岁月中磨炼技艺，在挑战中锤炼意志，在平凡岗位上铸就非凡业绩。他是守护公路的忠诚卫士，让奉献之花在山川之间绚烂绽放。

李新峰同志自参加工作以来，积极参与公路养护工程知识的学习与培训，不断提高自己的专业素养。他与同事交流养护工作经验，摸索养护新方法，通过不懈努力，先后获省、市、县级交通管理部门授予的"先进个人""先进工作者""优秀机械操作手"等荣誉称号。2021年10月，他在陕西省公路行业"渭南公路杯"养护技能竞赛中荣获第一名；2022年2月，被汉中市交通运输局授予"2022年度交通运输先进个人"称号；2023年9月，在"西安公路杯"养护技能竞赛中夺得个人第一名；2024年2月，被评为"陕西省技术能手"；2024年5月，获"汉中市劳动模范先进工作者"称号。

一、自学成才，矢志不渝的公路人

1998年，刚满20岁的李新峰中专毕业，义无反顾地接过父亲手中的洋镐铁锨，成为秦岭深处的一名养路工。每天早晨，他总是第一个起床，然后整理内务、打扫道班院子、修理养护工具，之后与工友们上路清扫路面、清理涵洞、修补病害，重活累活他总是抢着干。2002年，段上给道班分配了扫路机械，面对这样的"大家伙"，他萌生了驾驭的想法。趁驾驶员师傅休息时，他主动上前请教驾驶要点和操作技巧，靠着摸索和钻研，掌握了段上的各种大型机械，并考取了驾驶证，成为一名优秀的机械操作手。同时，他还利用下班后的业余时间大量阅读有关公路养护、机械维修、消防安全和高低压电的相关书籍。为了方便学习，他自费购买了电脑，学习CAD工程制图和办公软件的使用方法。每次有外出交流学习的机会，他都带着书中的疑难问题向有经验的老师傅请教，久而久之，他成了单位的"多面手""全能王"。正如他自己所说："公路人就要样样都学、样样都会、样样都精通。"

二、冲锋在前，视群众为依靠的抢险先锋

2002年6月9日，佛坪和洋县遭遇了百年不遇的特大洪灾，G108国道佛坪至洋县槐树关的道路几乎全被冲毁，通信、电力中断，佛坪成了一座"孤岛"，粮食、蔬菜、药品等物资以及抢险设备受阻。为了尽快抢通便道，保障灾区人民生活供给，刚参加工作的李新峰主动请缨，与同事们奔赴一线参与抗洪抢险工作。凭借对山区地形的熟悉，他带领武警官兵到受灾最严重的地方运送救灾物资。一路上爬坡上坎，身上伤痕累累，但他从未有过怨言。之后，他又参与了酉水、碗牛坝一带的便道抢通工作，连续4天只睡了4小时，昼夜奋战，渴了喝沟里的水，饿了啃干馍馍，连续作业12天，终于抢通了一条通往灾区的"生命线"。

三、传道解惑，视传承为己任的"技能大师"

2021年秋，李新峰和同事代表汉中市参加第十三届全国交通运输行业职业技能大赛陕西省选拔赛暨"渭南公路杯"养护技能大赛。面对全省11家参赛单位的45名公路养护顶尖选手，他凭借丰富的理论知识和公路养护技术，一举夺得全省第一名，还被确定为陕西省代表参加全国交通运输行业职业技能大赛。2023年9月，他代表汉中市参加"西安公路杯"陕西省公路行业养护技能竞赛。这次，他肩上多了一份"传帮带"的重任。他的搭档王鑫祥，30岁出头，勤奋好学，但没有机械操作经验，也没有公路坑槽修补经验。赛前，他白天带王鑫祥在G108国道现场开展实操训练，探讨技术细节；晚上帮他梳理理论知识短板，逐项解答疑问。通过默契配合，汉中市公路局再次获得实操和理论考试第一名，蝉联全省公路行业养护技能竞赛团体一等奖，李新峰也再次获得全省公路养护技能竞赛个

人第一名。

　　"干一行，就要爱一行、钻一行"，李新峰用实际行动诠释了公路人的无私奉献精神和"铺路石"精神。在公路养护岗位上，他以身作则、克难奋进，展现了一名公路养护工人的责任和担当。他的奉献精神值得我们学习，也为每位公路人树立了榜样。

她让冰冷的数字变得灵动，使资金的清分结算如诗画般顺畅流淌。她以女性独有的细腻情怀和坚韧毅力，为枯燥的技术领域注入了丝丝温暖与柔情。在她的笔下，每一个数字都拥有了灵魂，每一笔交易都饱含着深情。她就是陕西省高速公路收费中心联网结算科科长席静。

令数字"讲故事"的艺术家

——记陕西产业工匠人才陕西省高速公路收费中心席静

席静，女，1972年8月出生，共产党员，本科学历，高级经济师，现任陕西省高速公路收费中心联网结算科科长，中心纪委委员，第二党支部组织委员。主要负责全国联网收费清分结算及全省公路收费密钥、CPC卡、数据查询等工作。

她以共产党员的标准严格要求自己，为高速公路经营管理单位提供优质高效的服务，全力保障了我省高速公路联网收费工作的顺利进行。她取得了突出成绩，得到交通运输部路网中心的肯定和收费管理单位的认可。

"我喜欢干技术"，这是席静的心里话。凭着扎实的业务知识、敬业精神和科学的工作方法，她认真履行职责。特别是取消省界收费站后，全国"一张网"运营，清分结算体系突破省界限，业务持续增长，她负责的部门作为全省通行费资金结算的中枢，坚持高标准执行行业准则与规范，确保通行费资金清分结算及时、准确、安全，联网运营规范、高效。

一、专业引领，规范建设的推动者

席静有较强的专业知识和创新能力，被交通运输部选入专家组参与《全国ETC联网运营和服务规范》编写，参与《交通运输部货车ETC联网运营服务指南》起草，牵头起草全国联网收费交易对账业务细则（V3.0），为行业规范化建设做出积极贡献。她致力于加强行业制度建设，结合我省实际，制定了《陕西省收费公路联网收费资金清分结算管理办法》等，保障清分结算工作高效开展。组织建设省级交易对账业务平台，制定印发相关操作规程、手册、流程图，明确职责，细化要求，梳理对账协调工单处理情况，印发《省际交易对账协调处理案例》，开展业务培训，丰富追偿工单处理思路，解决疑难问题。我省交易对账工作得到部中心的充分肯定。

二、勇于担当，攻坚克难的奋斗者

席静热爱工作，主动承担多项重大任务，敢于担当，勇于挑战。她聚焦CPC卡管理难点，制定相关管理办法、细则和操作手册，开展问题梳理排查，提高CPC卡使用和调拨效率。重大节假日期间提前安排，预先调配CPC卡；指导新通车路段规范执行采购程序，组织完成卡的入网检测和到货抽检；开展业务培训，加强基础管理，全省CPC卡管理各项指标表现优异。同时，她向部联网中心积极汇报，与兄弟省份高效沟通，组织开展CPC坏卡专项处理工作，使我省CPC卡坏卡率、丢卡率均低于全国平均水平，从未因库存不足导致收费站入口发放纸券。

三、数据赋能，运营提升的践行者

席静坚守信念，对工作高度负责，对细节严格要求，扎根业务一线，通过对运营指标的监控、分析和跟进，促进业务高效执行，助力我省各项运营考核指标位居全国前列。2024年1月至10月，我省清分交易总量达3.4亿笔，结算额达228亿元，日均清分量116万笔，日均结算额7485万元，各项数据传输、清分结算工作均按时完成，精确拆分率大幅提升。她致力于提高联网收费运营水平，组织收费管理单位开展收费系统运行、网络传输、数据质量治理，以及业务规范性整改提升工作，做好运行监测，排查设施设备、网络质量问题，注重数据传输完整性核对，筛查处理异常数据，为收费公路经营管理单位提供对账服务，维护其合法权益。

参加工作三十年来，席静同志始终坚守"我喜欢干技术"的初心和使命，苦心摸索，默默耕耘，在别人看来枯燥无味而自己却无比喜爱的岗位上，以业务、追求、奉献为光彩，以梦想、超越、使命为目标，用忠诚和汗水践行着一名新时代专业技术人员的担当和责任，在平凡岗位上展现出不平凡的闪光品质。

无影灯下的守护者

——记陕西产业工匠人才陕西省交通医院手术麻醉科主任李虎

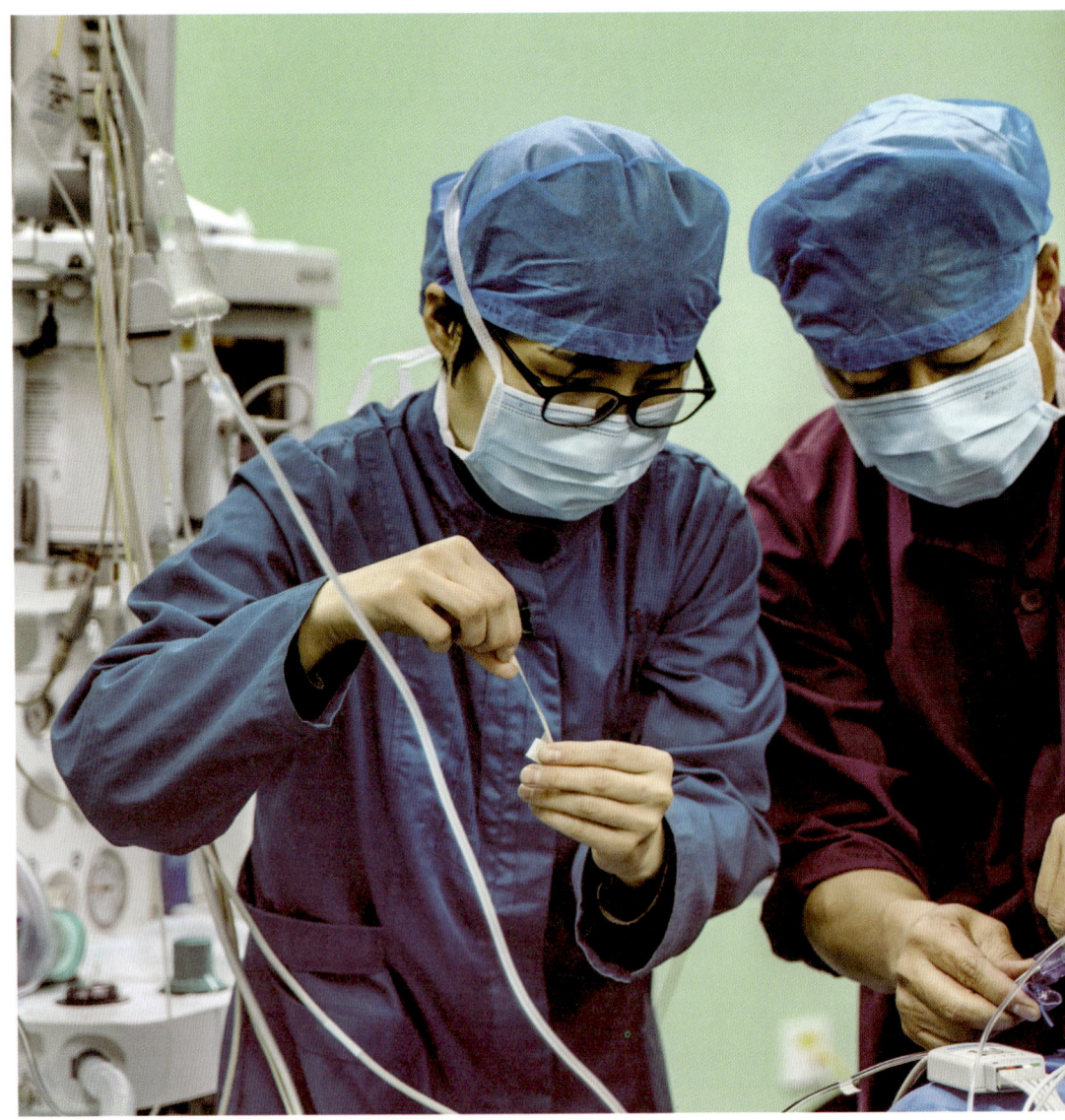

　　李虎，二十余载践行"悬壶济世心，妙手护苍生"的信念。于无影灯下，他是妙手仁心的守护者；在灾难现场，他是逆风前行的勇士。他以精湛的医术驱散患者的病痛，以责任担当为群众的生命安全保驾护航。其风骨如松柏凌霜，仁心似春日暖阳。

李虎，现年48岁，大学本科学历。1996年参加工作，2019年任陕西省交通医院麻醉科主任。在医院党政领导班子的坚强领导下，他始终秉持"人民至上、生命至上"的理念，一丝不苟、兢兢业业，从事麻醉工作20余年，各项工作取得显著成效，赢得了领导、同事和人民群众的广泛赞誉。他先后获医院"最美医师""陕西省公路局抗震救灾先进个人""抗击疫情先进个人"等荣誉称号。

一、政治过硬，当好攻坚克难"排头兵"

李虎多次圆满完成医院下达的攻坚克难任务。在2008年"5·12"汶川地震期间，他主动参加陕西交通支援四川省广元市青川县的"抗震救灾、抢通保通"工作，冒着余震的危险，在震中开展了一个多月的紧急救援工作，圆满完成了任务。2021年，他主动要求到基层医院服务，从2021年9月初至2022年8月底，在周至县富仁镇卫生院进行对口支援，累计服务一年。在下乡支医期间，他不仅积极参与有基础病患者的预检评估工作，而且协助管理慢性病和内科门诊工作。此外，他还两次深入当地农村、学校进行地方性甲状腺肿普查。支医期间，他严格遵守卫生院的各项规章制度，踏实肯干，圆满完成了为期一年的支医任务，其工作能力和工作态度得到了卫生院领导和同事的一致好评。

二、医术精湛，做好救死扶伤"带头人"

李虎主任多年来潜心钻研医术，秉持"严于术前、精于术中、勤于术后"的原则，以工匠精神持续精进医疗技艺。他多年来开展了无痛分娩术、无痛胃肠镜、超声引导下神经阻滞术、深静脉穿刺与中心静脉压监测、腰硬联合麻醉穿刺术等多项技术，治疗患者近万例，未发生重大医疗事故和医疗纠纷。术前，他亲自到病区访视，全面了解患者的病情等，充分沟通以缓解患者术前紧张情绪，并与手术医师详细沟通手术过程，根据患者的年龄、身体状况、手术种类等，制订个性化的麻醉和镇痛方案。术后，他及时探视患者，必要时为患者和家属提供术后护理指导，确保每一位患者安全、舒适地度过围手术期。作为科室负责人，他还肩负着危重患者的治疗和抢救等救治任务。在一次紧急情况中，一位低年资麻醉医师管理的全身麻醉患者术后出现苏醒期躁动，正当大家紧急排查原因时，李虎第一时间赶到患者身旁，凭借丰富的临床经验，准确判断患者是因肌松拮抗剂使用不当导致呼吸道分泌物阻塞气道。他迅速为患者清理呼吸道，改善通气，并实施了一系列急救措施，使患者转危为安，之后顺利康复出院。

三、专注前沿，当好学科发展"先行者"

李虎多年来一直致力于推动麻醉科从提供最佳手术条件、最小化疼痛、保障围手术期患者生命安全向确保患者就医舒适化的理念转变，努力实现安全麻醉、学术麻醉、品质麻醉、人文麻醉的目标。在院领导的大力支持下，科室逐步配备了美国GE麻醉机、TCI靶控输注泵、鸟牌呼吸机、多功能心电监护仪、除颤仪、有创血流动力学监测设备和麻醉深度监测仪等先进设备，并建成了手术麻醉信息化系统。他严格遵循麻醉科质量控制内容及标准，建立主治医师负责制，完善围手术期管理等各项规章制度和流程，使科室能够承担全院外科手术麻醉、术后镇痛、急危重症抢救等任务，同时为患者提供无痛舒适化诊疗服务。2019年，他推动手术麻醉科与妇产科开展分娩镇痛合作，取得了良好的效果。同时，他申请接管了多年亏损的内镜室，积极主动拓展舒适化医疗业务。特别是开展胃肠镜舒适化诊疗以来，就诊患者数量较之前增加了一倍，迅速扭亏为盈。此外，他带领科室不断更新知识储备，学习先进医疗技术，引进先进医疗设备，以便更好地诊断、监测和治疗患者的疾病。

111

二十年风雨兼程，李兵兵将方向盘铸成时光舵盘。爱心车厢满载三千昼夜的温暖：晨曦微露时护送透析老人，夜幕降临后化身生命摆渡人，高考季的车辙化作梦想护航道。这位古城"移动灯塔"以工匠之心锤炼驾驶技艺，在职业技能大赛中淬炼出璀璨星芒。当计价器跳动的不只是里程数字，更是永不停歇的善意脉搏——他用四轮丈量温暖半径，让平凡岗位绽放星辰般的光芒。

一城星火点亮长安夜

——记陕西产业工匠人才西安市出租汽车集团有限公司驾驶员李兵兵

李兵兵，男，1984年10月出生，是西安城投集团下属西安市出租汽车集团有限公司雷锋车队的驾驶员。自2004年成为一名出租车司机以来，他已在这个岗位上坚守了二十年。这二十年间，他保持着零事故、零投诉、零违章的记录，以热情周到的服务赢得了乘客的广泛赞誉，以严谨细致的工作方式保障了乘客安全出行，以勤奋敬业的态度对待每一次驾驶任务。在平凡的岗位上，他用实际行动诠释着不凡的责任与担当。

李兵兵关爱老人，勇担社会责任。作为西安市出租汽车行业"爱心车厢"志愿公益团队的一员，他热情待客、热心公益，第一时间加入了关爱老年乘客出行的行列。无论是营运期间遇到的老年乘客，还是每周四次透析、需要一对一爱心护送的老人，他始终坚守岗位，从不间断。他用每一趟次的准时迎候、安全抵达，为老年乘客带来舒心温暖的出行体验。多年来，他累计义务服务老年乘客近千次，其暖心接送老人的事迹被多家媒体报道，也多次受到乘客的好评与赞誉。

救死扶伤，是李兵兵的本能反应。2019年11月12日，李兵兵在长安区长兴北路附近营运时，搭载一家三口前往金辉广场。上车后不久，男孩突然开始抽搐，呼吸困难。情况危急，李兵兵立刻让孩子的家长保持冷静并按压孩子的人中穴，随后掉转车头前往最近的医院。在确保交通安全的情况下，他仅用5分钟便将孩子送到了医院，为男孩争取了"黄金救治期"。他帮助乘客将孩子送至抢救室，直到孩子脱离危险才悄然离开，对于近三小时的营运损失却毫不在意。2020年12月的一天傍晚，李兵兵在东关南街遇到一位乘客，其孩子心脏病突发，陷入昏迷状态。在交警的引导下，他以最快速度将孩子送往西京医院，且分文未收。李兵兵多次护送急症儿童就医，还曾为路边自燃的车辆灭火，为受伤的电动车驾驶员包扎伤口。路遇不平，施以援手已成为这位驾驶员的闪亮标签。

爱心送考，为考生梦想护航。每年高考季，都是李兵兵最忙碌的时候，因为他要为考生的梦想助力。高考当天，他凌晨4点起床，先跑一趟机场接早班飞机，然后提前结束运营。他穿着整齐的白衬衣、黑裤子，做好爱心送考的一切准备，车里干干净净，还准备了矿泉水、创可贴、文具等应急物品。之后，来到负责接送高考考生的小区，进入地下车库耐心等待。连续十几年参与"爱心送考"活动，他为每位考生送上美好的祝福，守护着他们的梦想。

精益求精，钻研岗位技能。2024年9月，第三届"三秦工匠杯"职工职业技能大赛开赛在即，驾驶员李兵兵作为参赛选手之一，毅然放弃营运时间，顶着高温在烈日下反复练习，希望通过比赛不断提升技能，超越自我。自赛事任务下发后，他就提前进入比赛状态，反复练习理论考试题目，即使场地实操的6个项目已经烂熟于心，他依然从零开始，仔细研读每个项目的规则与得分标准，力争全方位精益求精。功夫不负有心人，他在本次大赛中获个人二等奖，其所在的西汽集团也获得了团体二等奖。

李兵兵人如其名，时刻用服务标兵的标准严格要求自己，先后获五星级金牌驾驶员、爱心车厢标兵车队驾驶员、西安市出租汽车行业"2020年十大年度人物"等荣誉称号。他对工作的热爱和执着，感染了身边的每一位同事，感动了他所服务的乘客。他以实际行动诠释了精益求精、追求卓越的工匠精神，为西安市出租汽车行业的发展注入了新鲜活力，让出租车驾驶员这个平凡的岗位绽放出不凡的光芒。

车毂上的光阴故事

——记陕西产业工匠人才西安市公共交通集团有限公司保修分公司汽
车技师李志成

　　十年磨剑终成锋，李志成将公交维保化作精工图谱。工作室如锻造炉，打磨出制动钳翻转架等十二件"手术刀"级工具，故障排除效率提升六成，恰似庖丁解牛般游刃有余。他擎起3D灯带作星轨，照亮比亚迪高压系统的技术迷障；执笔编纂的《故障诊断三十例》恰似《天工开物》，滋养着保修新苗的成长。登高台改造如筑金汤城池，广告屏布线若绣娘穿针，更以"新竹高于旧竹枝"的胸襟，托举青年技工攀越技术险峰。这辆穿行于城市血脉的匠心列车，正鸣响着"问渠那得清如许"的创新乐章。

李志成从"新手学徒"成长为"技术达人"，一步一个脚印，用青春和行动践行着使命与担当，为打造优质公交、品质公交贡献着自己的力量，履行着自己的职责。以李志成为核心的技术骨干团队成立了李志成技术工作室，工作室共有9名成员，其中5名为技师，4名为高级技师。工作室的主要职能包括排除疑难故障、分析生产质量问题、开展技术培训，以及进行生产管理和设备工具的创新等。通过集思广益，工作室改进了诸多机械设备，如制动钳维修翻转架、电池包拆装架等，这些改进设备在实际使用中得到了广泛认可。

　　李志成先后设计并制作了比亚迪K8、K9车型高压系统的3D模型，通过灯带展示充放电过程，使培训教学更加直观，取得了良好的教学效果。他还做好纯电动车辆的技术分享，自己拍摄并剪辑了3部比亚迪纯电动车辆的教学视频。此外，他编写了《比亚迪K8、K9系列车型故障诊断排除30例》并批量印刷，供比亚迪保修公司职工学习。在他的推动下，车辆故障排除平均用时减少了60%。

　　在生产管理方面，李志成带领班组人员对原有的登高作业区域进行升级和改造。改造后，不仅提高了车辆的通过性和场地的防水性，还加强了作业人员的安全保护措施，提高了工作效率。在比亚迪纯电动公交车广告屏安装工作中，他仅用三天时间就制作了布线草图、安装架模板，以及培训安装人员的PPT，为屏幕厂商节省了材料费用，降低了加工难度，最终顺利完成69块广告屏的安装任务。

　　在日常工作方面，李志成注重对青年工人的培养。每当遇到生产过程中的疑难问题，他都会及时与青年工人一起分析研究，直至问题解决、故障排除。这种方式，极大地调动了青年工人学习技术的积极性，使班组职工的整体技术水平有了显著提高。

陕西省劳动竞赛

陕西高速养护工程有限责任公司，二十二载砥砺前行，从世纪之初走来，如今在交控集团的战略版图中，坚守匠心，勇立潮头。公司以劳动竞赛为帆，以创新为桨，在高质量发展的蓝海上破浪前行。从市政工程到公路养护，从材料服务到绿色施工，业务布局如星汉灿烂，照亮了城市与公路的每一寸空间。

一曲奋进者之歌

——记陕西省劳动竞赛优胜集体陕西高速养护工程有限责任公司

陕西高速养护工程有限责任公司成立于2000年，隶属于陕西交控市政路桥集团，是陕西高速机械化工程有限公司的子公司，注册资本1000万元。公司是一家集市政公用工程施工总承包、建筑工程施工总承包、公路路面工程专业承包为一体的综合性施工企业，同时涉足路用材料、房建材料服务领域。2024年，公司工会以习近平新时代中国特色社会主义思想为指导，按照各级工会关于开展劳动竞赛活动的安排部署，紧抓公司高质量发展的关键节点，将劳动竞赛作为弘扬劳动精神、推动企业发展的有力抓手，突出"三引"、强化"三效"、注重"三促"，充分激发员工的劳动热情和创造活力。

一、"三引"汇聚"新合力"

党建引领：公司构建"党委-党支部-党员"三级联动机制，各基层党组织在市场开拓、安全生产、创新创效、项目履约等方面成立党员先锋岗、责任区、创新工作室、突击队，开展劳动竞赛和技能竞赛，发挥党员的先锋模范作用。

团队建设：公司注重团队建设，现有员工152人，其中共产党员17人，工程技术人员110人，其中高级工程师25人、中级工程师46人，各类持证上岗人员136人。通过"师徒结对"的青年人才培养机制，开展"传帮带"活动，助力青年员工成长成才。

制度引航：公司成立竞赛组织机构，制定劳动竞赛工作细则，创新工作机制。建立了党委领导、行政支持、工会牵头、部门配合、全员参与的工作机制。在兵马俑专用线公路改扩建项目中，克服诸多不利因素，实现"零"安全事故交付。2024年，公司被集团评为"爱岗敬业好青年（集体）"和精神文明创建工作"先进单位"。

二、"三效"催动"新作为"

强化示范效应：公司扎实开展"工地党旗红、创优争先锋"、"比管理拼效益、比质量拼口碑、比安全拼规范、比进度拼形象"四季大比拼、"揭榜挂帅"、"赛马"活动等，通过"党建+项目攻坚"、党课进工地推进项目进度。在重点项目中推出"党员突击队""党员先锋岗"，培养敢打硬仗的干部职工队伍。

强化精神引领：公司工会贯彻党的二十大精神，深入推进作风建设，弘扬劳模精神、工匠精神和梦桃精神，营造大干快上、风清气正的干事创业环境，为劳动竞赛奠定基础。

强化创新创效：公司积极贯彻创新发展理念，结合项目进行科技创新，推动现有业务智能化、绿色化和高端化发展。在兵马俑改扩建项目中，运用了12项新型工艺，取得3项QC小组成果奖、3项发明专利。

三、"三促"铸就"新成就"

注重促实干：公司以工程项目为劳动竞赛窗口，掀起抓质量、促进度、铸精品的竞赛热潮。各项目克服工期紧、任务重、施工环境复杂等困难，圆满完成了节点施工任务。大力开展"质量月"活动，强化质量意识，严把工程质量关。兵马俑专用线公路改扩建项目顺利通过验收并交付使用，公司完成多项养护维修项目及公路施工项目。

注重促进增效：公司坚持以人为本，着力技术创新，构建和谐劳动关系。积极开展献计献策活动，引导员工为企业发展献策，推动公司持续健康发展。2024年，A级移动钢护栏市场开发成果丰硕，全年实现收入1038.84万元，超出年度目标107％。公司全年取得市场开发额8039万元，合同额5540万元，完成产值3027.7万元。

注重促发展：公司以"安全生产月"活动和劳动竞赛为契机，健全安全生产管理体系，强化文明施工管理，推进平安工地建设。落实生态环境问题整改，将生态优先、绿色低碳理念贯穿工程施工、科技创新全过程。加强安全教育，开展应急演练，强化全员安全生产意识。

通过劳动竞赛活动，公司出色地完成了各项经营指标，全员精神面貌焕然一新，未发现违纪违法现象，为集团战略目标的推进贡献了力量。下一步，公司将紧跟集团发展新理念，以集团战略目标和产业布局为统领，树立"双核"驱动理念，持续深化改革，实现全面发展，力争跻身全国一流施工企业行列，为集团高质量发展贡献力量。

数载春秋书华章

——记陕西省劳动竞赛优胜班组陕西交通控股集团有限公司兵马俑专
　　用线公路改扩建项目工作组

　　八人铁骑驭风雷，以学为犁深
耕秦川沃土。他们挥动质量铧犁，
借反面现场会的警钟犁透工程的痼
疾。劳动竞赛的战鼓催发千钧力，
节点考核的星轨校准通衢脉络。当
沥青混凝土铺就的史诗在九月金风
中凝成坦途，这支以匠心为符节的
铁军，终以"黄沙百战穿金甲"的
豪情，将兵马俑的千年嘹音化作新
时代的康庄回响。

陕西交通控股集团有限公司兵马俑专用线公路改扩建项目工作组共有成员8人，包括1名组长和7名组员。组员间坦诚相待、互帮互助，团结一致、奋勇拼搏，圆满完成项目建设和投资任务，项目于2024年9月30日顺利建成通车。

一、以学促管：学习提升，筑牢项目管理根基

工作组积极开展学习活动，促进项目管理水平的提升。2024年1月、4月、6月，工作组邀请专家召开路面沥青混凝土配合比设计及试验段施工总结专家评审会，专家针对路面施工原材料性能指标、生产配合比参数、生产工艺各环节注意事项等提出建议和优化方案。工作组仔细学习、分析、总结项目管理经验，并将专家建议逐一落实到项目建设管理中，以提升项目建设质量。

同时，工作组坚持"宣传也是生产力"的工作思路，多次开展安全生产专题宣传活动，切实提高参建人员的安全意识，强化安全生产能力。2024年6月上旬，组织开展"安全生产月"启动仪式，以"人人讲安全、个个会应急——畅通生命通道"为主题，着重宣传安全生产政策、安全事故警示、安全知识，营造"人人重视安全、人人管安全"的良好氛围。活动突出"畅通生命通道"这条主线，以防范各类事故为目的，组织项目各单位开展隐患排查整治，真正发挥活动促进隐患消除、提升项目建设安全水平的作用。

2024年6月16日，工作组开展"安全宣传咨询日"活动，设置安全宣传咨询点，发放《安全管理手册》《安全警示教育》《应急逃生内容》等宣传册，邀请陕西省路政总队第十一支队对项目安全管理人员开展安全知识宣讲，分享国内外公路建设安全案例。同时，项目安全管理人员走进周

边社区，与居民进行互动，宣传公路改扩建工程安全知识，收集附近居民对项目建设的意见和建议，增强项目安全管理人员的安全责任感，提高施工人员、附近居民的安全意识，规范其行为。

此外，工作组定期召开安全生产专题会，分阶段督促各参建单位落实平安工地建设，以及重大事故隐患排查整治和2024年重大风险防范化解专项行动，为项目建设提供安全保障。工作组还赴曲太高速、鄂周眉项目就标准化建设及特殊工艺工法施工开展观摩学习，主要交流交通安全设施、绿化等附属工程施工及装配式桥涵工程、钢箱梁、路面等施工重点，聚焦施工质量控制、质量管理创新、施工组织管理等工作，突出制度建设、流程管理、亮点打造、保障措施等，切实丰富组员的建设经验，提升项目管理能力。

二、责任落实：夯实责任，推动现场管理升级

工作组成立质量、安全、环保现场巡查小组，每日开展全线施工现场巡查，填写巡查记录，通报发现的问题、隐患，提出整改要求，限期整改。同时对通报问题实施清单式管理，督促参建单位按期完成整改，直至问题清零，以"狠抓通报问题整改"的小切口推动项目质量大提升。

2024年5月，工作组在兵马俑收费站收费广场召开工程质量反面典型现场会，就施工现场质量问题进行通报，对问题产生的原因进行深入分析、纠正，并对项目下一阶段质量管理工作进行细致安排。工作组旨在以反面典型现场会为契机，提高全体参建人员的质量意识，为规范施工、创建品质工程打下坚实基础。

三、竞赛激励：劳动竞赛，激发建设活力

工作组按照施工计划和现场实际进展，及时组织各参建单位开展劳动竞赛活动。活动实施重奖重罚，设置劳动竞赛奖金，充分调动参建人员生产积极性、主动性、创造性，克服项目建设环境复杂、社会关注度高等诸多不利因素，全力推进项目建设。工作组围绕2024年建成通车的总体目标，详细分解年度计划和月度目标任务，超前谋划、精心组织，实行节点目标与月度考核相结合的方式，加大考核、奖惩力度，激发参建单位活力，加大生产投入，提速项目建设，保证了项目建设任务按期完成。

十九道铁脊劈开渭河烟波，
以党员为筋骨铸就的攻坚劲旅。他
们用焊枪在钢栈桥上作业，将169
万元成本凝成金箔；以数字化铧犁
深耕水下桩基，令34天工期化作
飞虹贯日。当QC创新勋章缀满工
装，当"五个一"战旗插遍特大桥
墩，这支以党旗为风骨的先锋队，
正以"扶摇直上九万里"的豪情，
在秦岭云海间书写着新时代的《营
造法式》——每道焊缝都是平仄，
每项专利皆成韵脚。

铁肩扛责书传奇

——记陕西省劳动竞赛优胜班组陕西路桥集团有限公司港航公司
"雄鹰"班组

陕西路桥集团有限公司港航公司"雄鹰"班组自2022年2月成立以来，秉持重质量、求效益、促生产、讲安全的理念，积极发扬苦干巧干的精神，精准施策，精准落实，在促进项目高质量建设过程中取得了一系列骄人成绩，并多次受到上级单位的好评和嘉奖。

一、党旗引领践初心，踔厉奋发勇作为

"雄鹰"班组共有19名成员，其中共产党员11名，正高级工程师1名，副高级工程师3名，中级工程师5名。班组积极落实集团"师徒结对"青年人才培养机制，通过常态化"传帮带"活动，助力青年员工成长成才。"雄鹰"班组根据人员结构，实施"三有三无"争创工程，即重要岗位有党员、技术攻关有党员、外协维稳有党员，党员身边无事故、党员身边无隐患、党员身边无违纪。将控制性工程、技术难题交给党员，发挥党员的先锋模范作用。2023年，在陕西交控汽车循环经济产业园项目建设中，班组克服诸多不利因素，创造了从开工到建成交付仅90天的"加速度"，确保了产业园如期顺利投产。同年，在咸阳南收费站新增车道应急工程施工期间，班组发扬敢打硬仗的优良品质，昼夜鏖战28天，确保在元旦前夕安全高效地交付通行。2024年，在渭河特大桥施工过程中，班组全体人员谋思路、明举措，积极克服诸多不利因素，攻克技术难题，为后续施工奠定坚实基础。2023年，"雄鹰"班组被集团工会委员会授予"工人先锋号"荣誉称号；班组成员张本盛获陕西交控市政路桥集团有限公司首届"能工巧匠"荣誉称号；青年员工窦衍震荣获陕西交通控股集团有限公司"爱岗敬业"好青年荣誉称号；王成成和张本盛获第十四届全国交通运输行业桥隧工（职工组）职业技能大赛陕西省选拔赛一等奖，并助力陕西省代表队在全国总决赛中获"优秀组织单位"荣誉称号。

二、多措并举出实招，提质增效见真章

"雄鹰"班组深知利润是企业生存和发展的核心竞争力，始终践行精益管理理念，深化价值创造。2022年，在泾阳汽车循环经济产业园项目施工过程中，项目部采取优化施工工艺的方式，解决了强夯振动对周围民房影响较大的问题，为项目的顺利履约争取了有效时间。2023年，在优化渭河特大桥钢栈桥设计方案中，通过增加便道长度，减少钢栈桥长度，节约了钢材用量，降低成本169.76万元，同时增创效益8.35万元。2024年，创新渭河特大桥桥梁水下承台开挖施工工艺，节约成本19.37万元，缩短工期34天，节约用水约1500吨，同时增创效益12.43万元。

三、创新创优激活力，融合发展赋新能

"雄鹰"班组依托项目探索建立群众性技术创新与"揭榜挂帅"相结合的科技工作新模式，对传统施工工艺、工法、设备进行智能化、数字化改造，积极开展创新活动，助力项目建设提质增效。2024年，立足渭河特大桥项目，创新水中桩基和承台深基坑施工工艺，保证成桩质量，提高施工效率；通过桩基成孔检测技术和焊接技术的应用，降低资源消耗，提高生产效率，降低成本。班组积极参与公司QC、工法、专利等科技创新工作的编写和申报。在2022年陕西省企业"三新三小"创新竞赛中，荣获二等奖一项、三等奖两项；在陕西省公路学会组织的相关竞赛中获得二等奖一项；在首届工程建设企业数字化、工业化、绿色低碳施工工法大赛中荣获优秀奖两项；多项专利荣获优胜奖；荣获集团"2023年度优秀企业工法"称号。此外，还在各项QC小组成果评选中荣获二等奖、三等奖各一项。

四、精细管理促提升，创新举措求实效

"雄鹰"班组坚定冲锋的决心，凝聚共识，合力攻坚。2024年，在渭河特大桥施工中，紧紧围绕"抓落实、促进度、破难题"的工作目标，铁肩担责，铁腕履责，精准施策，重点突破，推出"五个一"措施：一区域一方案、一业务一措施、一制度一流程、一节点一标准、一管理一要求，形成聚力破局、决战冲刺的局面。坚持目标导向，突出重点精准施策，紧紧围绕项目年度目标和总体目标，及时调整策略以适应项目进展中出现的新情况，聚力攻坚突破，在比、学、赶、超中掀起大干热潮。坚持底线思维，树牢安全风险意识，加大隐患排查力度，筑牢安全防线，确保安全生产全过程、全方位受控。强化风险防控意识，提升内控管理质效，紧盯"成本管理"核心，把牢"过程控制"主线，实现"效益最大化"目标。坚持以问题为导向，持续开展施工质量"回头看"活动，及时总结经验教训，紧盯短板弱项，抓紧补缺补差，提升能力水平，保障项目建设品质。

新时代的筑路逐梦人

——记陕西省劳动竞赛优秀个人中交瑞通路桥养护科技有限公司桥梁
　　分公司设计三部经理贾磊

　　他将桥梁裂缝视为病理图谱，以加固设计开具《本草纲目》般的养护良方。当八篇论文如北斗星指引航向，两本专著沉淀为秦岭岩层般的学术基石，这位"公路华佗"以匠心为墨，在沥青画卷上描绘"大漠孤烟直"的壮阔图景。他就是中交瑞通路桥养护科技有限公司桥梁分公司的贾磊。

贾磊，男，1982年9月出生，正高级工程师。自参加工作以来，他始终扎根一线，出色地完成了各项工作。贾磊现任中交一公院瑞通公司桥梁设计分公司设计三部经理、陕西交控集团陕北片区长周期高速公路养护勘察设计项目总负责人。

一、工作上勇于探索，工作业绩显著提升

贾磊自参加工作以来，长期从事公路养护工程勘察设计、公路桥梁检测评定、加固及养护设计工作，先后主持并负责多条高等级公路长周期养护勘察设计、危旧桥梁维修加固设计项目。自2013年至今，主持并负责陕西省陕北片区高速公路长周期养护勘察设计，集中于公路病害维修处治与养护勘察设计工作，为陕西省高速公路常见病害处治与路况技术指标的提升做出了重要贡献。

贾磊负责陕西省陕北片区高速公路养护勘察设计工作期间，先后主持了陕西省陕北片区包茂高速公路、青银高速公路等高速公路专项维修整治工程的养护勘察设计工作。其中，负责的青银高速公路靖边至王圈梁段、包茂高速陕蒙界段养护勘察设计项目先后获得陕西省优秀工程勘察设计奖、中交集团优秀勘察设计奖。2023年，贾磊主持的G20青银高速公路吴堡至绥德段专项维修整治工程入选交通运输部国家公路现代养护工程试点项目，是2023年陕西省唯一入选的养护工程试点项目。同时，作为桥梁工程设计专业出身的设计人员，贾磊先后负责并参与了多座危旧桥梁的维修加固设计项目。其中，他负责的陕西省西潼高速公路渭南城区高架桥维修加固设计项目获2017年陕西省优秀工程勘察设计奖；负责的西安绕城高速公路香王方家村互通主线桥承载能力提升工程获中国公路勘察设计协会2018年度公路交通优秀设计二等奖。

贾磊负责的多个项目均为养护行业的大型重点项目，部分设计项目在工程规模、技术特点、技术创新等方面均具有一定代表性，并取得了较好的社会效益和经济效益。

二、学习上刻苦钻研，理论技术持续创新

工作上，贾磊注重政治理论和专业技术提升，以优秀共产党员的标准严格要求自己。为了提高专业技术水平，贾磊认真学习、虚心求教，对公司长周期技术服务总承包业务提出了建设性的意见，并付诸实践，取得了较好的效果。

同时，贾磊在工作期间积极总结项目工作成果，主持或参编行业和地方标准2项，在国家核心期刊发表论文8篇，编写技术专著2本，取得实用新型专利2项。

三、生活上团结同事，营造积极奋进的团队氛围

生活上，贾磊团结同事、乐于助人，营造了良好的项目团队氛围。他经常与同事深入沟通交流，了解团队人员各自的想法，激发团队的最强力量。贾磊崇尚质朴生活，养成了良好的生活习惯和务实的作风，与大家打成一片，形成了气氛活跃、干劲足、作风正的生活氛围。多年来，贾磊通过项目团队建设机制，打造了一支"敢打硬仗、能打胜仗"的公路养护勘察设计项目团队。

四、潜心钻研，坚定目标，打造中交一公院"公路医生"品牌

工作期间，贾磊始终密切关注行业政策动态，系统研究养护行业的历史变革、发展趋势以及市场动态，注重个人专业技术水平的学习与提升。他带领项目团队积极投身公路病害维修处治与养护勘察设计工作，为打造中交一公院"公路医生"品牌，巩固和拓展中交一公院养护技术服务市场做出了重要贡献。

也许你曾经无数次从他建设的高速公路上飞驰而过，却不知道在每段坚实的路基背后，还有这样一位默默无闻的建设者。他说："我的工作虽然充满挑战，但我们就像基石一样，为千千万万的出行者铺就安全与便捷之路，为社会的发展贡献力量，这就是我的价值所在。"他就是陕西交通控股集团有限公司铜西马泾高速公路建设管理处项目负责人贾晓军。

穿越暴雨与骄阳的坚守

——记陕西省劳动竞赛优秀个人陕西交通控股集团有限公司铜西马泾高速公路建设管理处项目负责人贾晓军

贾晓军，男，1972年11月出生，陕西韩城人，共产党员，正高级工程师，毕业于西安公路交通大学（现长安大学）公路与城市道路专业，现任陕西交通控股集团有限公司铜西马泾高速公路建设管理处项目负责人。自工作以来，贾晓军始终脚踏实地、埋头苦干，先后担任高速公路监理工程师、总监理工程师，以及建设项目分管工程技术骨干等职务，参与凤永、吴子、商界、榆绥、平镇、马泾等多条高速公路建设，爱岗敬业、无私奉献，为陕西省高速公路发展做出了卓越贡献。

一、讲政治、顾大局，强力推进重点项目建设

贾晓军坚持以习近平新时代中国特色社会主义思想为指导，深入贯彻落实党的二十大精神，深刻领悟"两个确立"的决定性意义，坚决做到"两个维护"。在政治上、思想上、行动上，他积极贯彻落实陕西省国有企业改革发展和交通强国建设等决策部署，以及集团的工作要求，以高度的政治责任感和使命感组织开展劳动竞赛，强力推进马家堡至泾阳高速公路建设，促进陕西交通强省建设和区域经济高质量发展。马泾项目作为省级重点公路建设项目，计划在第四季度建成通车。在项目建设中，贾晓军积极克服建设环境复杂等不利因素，全力冲刺通车目标，动员全体参建人员鼓足干劲，坚持项目标准化、精细化管理，推进项目效率和品质双提升。2024年，项目较好地完成了建设和投资任务，基本具备通车条件。

二、勤思考、敢创新，全面提升项目建设质效

从事高速公路建设30年，贾晓军深知创新对项目建设的重要性。在马泾项目建设中，他坚持深化设计、施工、环境保障等方面的创新实践，

通过技术改革、设备升级等举措提升项目品质。

一是持续推进设计优化。贾晓军深入学习习近平总书记关于科技创新的重要论述，在设计核查会上主动提出优化思路，鼓励年轻干部创新思维。2024年，他指导业务部门优化扶壁式挡土墙和马家堡收费广场路面结构设计，解决了公路填土压实难题，合理利用原有路面结构，节约成本约789万元。

二是逐步加强设备革新。贾晓军坚持将设备革新作为加速发展的办法，组织分析劳动竞赛考核数据，实地考察项目设备及工艺方法，督促参建单位引进数控钢筋锯切套丝打磨生产线一体化加工设备、全自动滚焊机等先进设备，提升建设质量和生产效率，降低人力成本。同时，优化预制箱梁成套技术，实现钢筋半成品超市化管理和成品养护智能化，建设智慧预制梁场。

三是积极鼓励工艺创新。贾晓军主持召开泾河特大桥施工工艺研讨会，主导研发并首次应用满堂支架整体平移技术。该技术缩短工期约15天，减少用工约675工日，节约成本30余万元，减少安全隐患。

三、严管理、强执行，全力坚守安全生产防线

贾晓军时刻紧绷安全生产和生态环保之弦，以高度的责任感和紧迫感督促业务部门落实安全、环保要求，强化现场管理，筑牢防线。2024年，马泾项目未发生安全、环保问题，未受到通报批评，管理处被评为集团年度安全生产先进集体，马泾项目被陕西省交通运输厅评为年度优秀项目。

创新是引领发展的第一动力。贾晓军始终把"创新"放在项目建设的重要位置，并铭记于心、践行于行，为陕西省交通强省建设贡献力量。

司机之家

在秦岭腹地，留坝服务区以115亩山水画卷托起万千旅人的归途暖巢。当暮色降临，司机之家正以温润的茶香拂去长路风尘：沙发轻揽着倦意，淋浴间蒸腾着氤氲水雾，滚筒洗衣机熨平了八百里秦川的褶皱。这里不仅有热水澡与安全课，而且将冷硬的公路符号化作触手可及的温情叙事——自盛夏试运营以来，1400余次驻足与180项服务升级，都在诉说着车轮碾不碎的温情故事。这座山水间的驿站，正以赤子之心编织着流动中国的温暖注脚。

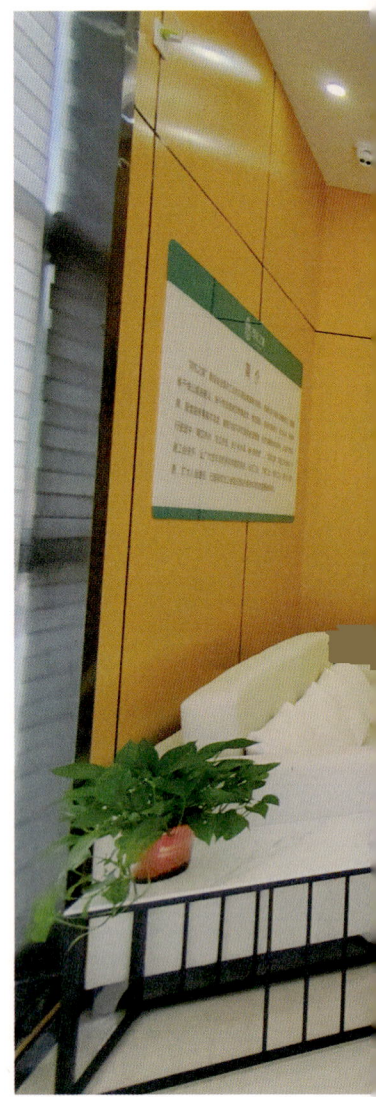

秦巴山水筑暖驿

——记陕西省"司机之家"陕西交控服务管理集团有限公司留坝服务区
分公司司机之家

陕西交控服务管理集团有限公司留坝服务区分公司隶属于陕西交控服务管理集团有限公司，位于银昆高速公路K686+600处，于2018年12月18日正式对外运营。距离汉中市中心77公里，总面积约115亩，集加油、餐饮、购物、住宿、休闲等服务功能于一体。对外24小时提供停车、如厕、充电、汽修、加油、住宿等服务，同时，还配置了休息区、免费开水间、母婴室、第三卫生间等人性化服务设施。

留坝服务区司机之家建成于2024年7月，设计风格简约温馨，满足货车司机出门在外"吃口热饭、喝口热水、洗个热水澡、睡个安稳觉"的需求。司机之家设有休息区、淋浴洗衣区。休息区配有沙发、躺椅、空调、电视机、常备药品、工具箱、微波炉、茶吧机等设施。大屏幕电视机定时播放高速公路安全行车指南、安全教育宣传片等，为司乘人员开辟了一处"旅途学习小课堂"，休息区24小时无偿为司乘人员提供服务。淋浴洗衣区采用门禁系统管理，司机朋友需到服务台办理实名登记后持卡进入该区域。出于安全和管理考虑，淋浴洗衣区安装有60升储水式热水器、储物柜、洗漱台、浴霸等设备使整个淋浴环境整洁舒适。收费标准为10元/人·30分钟。此外，还提供带有烘干功能的滚筒洗衣机，方便快捷，洗好的衣服很快就能干，收费标准为10元/次。

留坝服务区司机之家自建成试运营以来，通过对入区司乘人员开展问卷调查，进行广泛宣传和服务引导，截至目前，休息区共接待司乘1400余人次，淋浴洗衣区接待180人次，得到了大家的一致好评。"司机之家"为司乘人员提供了良好的服务平

台，为广大司乘人员提供了安全、舒适、便捷的休息环境，真心为司乘人员排忧解难，切实增强司乘人员的获得感、幸福感。

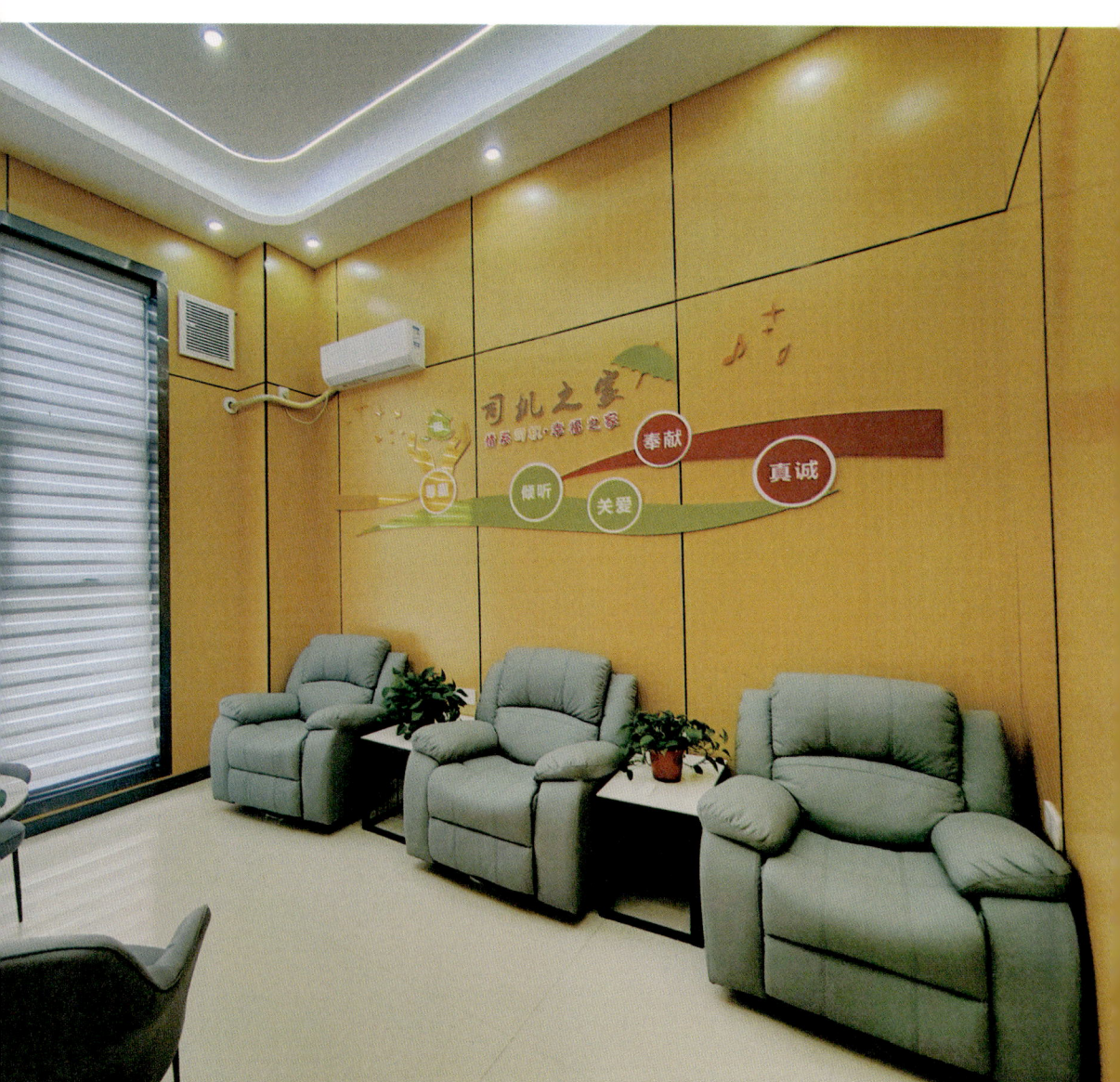

非公经济组织和社会组织"党建带动工建 工建服务党建"先进单位

自1992年成立以来，西安前进企业集团，坚持"党建带工建、工建服务党建"，在出租汽车客运、房地产开发等领域精耕细作。从成立党支部到组建非公企业党委，从建立工会委员会到拓展分会，集团荣获多项殊荣。在党委引领下，工会深入贯彻习近平新时代中国特色社会主义思想，通过职代会、党政联席会等让职工参与决策，量化基层党建与工会建设任务，设立爱心基金，解决职工住房难题，提升职工幸福感，实现企业稳健发展。

党工携手，共筑企业腾飞梦

——记非公经济组织和社会组织"党建带动工建　工建服务党建"先进单位西安前进企业集团

西安前进企业集团成立于1992年，业务涵盖出租汽车客运、房地产开发、物业管理、商贸服务等多个领域。1997年，集团成立了党支部，2004年成立了莲湖区首家非公企业党委。集团工会委员会成立于1999年，目前下设3个工会分会。多年来，集团工会凭借卓越的工作表现，荣获"全国双爱双评先进企业工会""陕西省双爱双评先进企业工会""陕西省非公企业示范工会""陕西省厂务公开职代会五星级单位"等称号。

多年来，在集团党委的领导下，工会组织深入学习贯彻习近平新时代中国特色社会主义思想，秉持"党建带动工建、工建服务党建"的工作理念，紧密围绕企业核心任务，借助"党建+工会"的平台，充分发挥党建带工建的引领作用，工建促党建的推动作用，以及党工共建的协同作用，促进基层党建与工会建设深度融合，引领职工共同追逐中国梦、构建幸福家园，携手为企业高质量发展贡献力量。

一是坚持党对工会工作的全面领导，充分发挥"党建带工建"的引领作用。集团党委在做好党建工作的同时，积极为工会开展工作创造条件，支持工会组织依照法律和章程开展工作，特别是支持工会组织依法履行维护职工合法权益的基本职责，努力推动工会建设。企业重大决策经过职代会和党政联席会讨论通过，将企业的决策部署转化为职工的共同意志，引导职工参与企业管理和重大事项决策，充分调动广大职工的工作积极性。

二是坚持党建工作与工会工作相互促进，充分发挥企业党建与工会建设的互动作用。集团党委和工会紧密围绕企业中心工作，将党建工作和工会工作统一规划、统一部署，共同实施、共同推进。将基层党建和工会的组织建设、思想建设等进行量化分解，并纳入基层日常工作议程，实现党建工建组织同步建立、阵地同步落实、活动同步开展、经费同步保障。

三是坚持以人为本，以优秀的企业文化推动"党工共建"向纵深发展。集团党委以党建为引领，以"提高职工幸福指数和增强企业向心力、共建和谐"为出发点，做优工会服务品牌，解决广大职工最关心的问题。在出租汽车行业率先设立"爱心基金"，先后对109名家庭经济困难的驾驶员给予经济补助。定期开展职工庆生、免费体检、外出旅游、运动会、演出等文化活动。2011年初，经集团职代会和党政联席会议决定，集团出资3000多万元，解决职工的住房难题。"以人为本"的企业文化如同纽带，提升了职工的认同感、获得感、幸福感，使企业劳动关系稳定，实现了三十年的持续稳定发展。

党建领航工建路，携手聚力暖人心

——记非公经济组织和社会组织"党建带动工建　工建服务党建"先进单位长安航空有限责任公司

　　党建领航，工建添力，企业方能扬帆疾进；工会聚心，职工方能众志成城。长安航空有限责任公司深谙此道，以党建带动工建，以工建服务党建，让工会成为职工的"避风港"与"加油站"，让职工有"家"可依，让企业有"根"可循。

在陕西省交通运输工会的领导和支持下，长安航空有限责任公司（以下简称长安航空）始终加强党对工会工作的领导，深入贯彻党的二十大精神，认真贯彻落实习近平总书记关于工人阶级和工会工作的重要论述，牢牢把握工会工作的主题和方向，按照全国总工会关于"非公企业工会建设三年行动"的安排部署，积极推动"党建带工建、工建服务党建"工作向纵深发展。

一、坚持党建引领，强化党建带工建体系建设

长安航空大力弘扬"党建为魂"的企业文化，公司领导层高度重视党建带工建工作，由公司党委书记兼任工会主席，各级工会组织主要干部进入同级党组织任职。持续健全"党小组带班组"的特色机制，各党支部以党小组、班组为实施单元，建立39个党小组、107个班组，实现空勤特业人员全覆盖。各党支部、分工会根据党员在党建、安全、运行、服务等方面的专业特长，将党员合理分配至班组，确保每个班组至少有一名党员，由政治觉悟高、技术能力过硬的党员骨干担任班组"小政委"，在思想、制度、经验的传达方面快速形成规模效应，强化党建引领作用，抓实作风建设，强化"三基"建设，打通安全生产"最后一公里"。先后打造了"汉风唐韵""长安花""长安云盾""长安旭日"等10余个明星示范班组。

二、坚持思想先行，抓实员工思想工作与队伍稳定

长安航空党委与工会以"党小组带班组"的网格化管理，落实"支部管到人头"的要求，抓思想、抓业务，第一时间将重要思想、重要指示和

批示传达到一线，统一思想、统一意志、统一行动，指导和带动班组做好安全生产、运行保障等工作，确保队伍稳定。公司党委与工会主要领导每周组织召开"直面挑战 增强信心 共创未来"主题员工座谈会，党委书记兼工会主席坚持每周下一线开展形势任务教育，现场办公解决一线员工诉求。长安航空党委与工会持续关注员工心理、工作和生活状态，推动解决员工急难问题，多措并举增强员工的获得感、幸福感。各业务体系的"党员业务核心团队"成员持续与一线员工交流、谈心，多渠道开展安全教育，特别是在执行急难险重任务前及时做好员工的思想教育工作。

三、树立榜样力量，营造"比学赶超"浓厚氛围

长安航空党委与工会积极开展各业务体系职业技能竞赛，以赛促学、促练、促提升，多次承办飞行、乘务、地服等陕西省二类大赛。同时，积极开展创先争优活动，2024年上半年，公司和员工个人先后荣获国家级荣誉1项、省级荣誉2项、市级荣誉18项。长安航空持续通过宣传渠道树立企业先进榜样，引导广大干部员工向先进学习，提升团队士气和凝聚力，相关宣传内容多次被人民网、新华网、工人日报、陕西日报、陕西工人报等媒体报道。

四、贯彻《中华人民共和国安全生产法》，推动党建引领工会及安全生产工作纵深发展

各级工会深入贯彻《中华人民共和国安全生产法》，充分发挥工会在安全监督等方面的作用，进一步激活基层组织"细胞"，筑牢安全生产防线，确保各项工作部署和政策措施落到实处，取得实效。各党支部、工会

协同联动，以"党小组带班组"为组织保障，创新探索"党员业务核心团队"建设模式，坚持思想、技术双引领，在课题攻坚过程中，把党员发展和业务骨干培养紧密结合。今年，长安航空9H8409飞行机组被中华全国总工会授予"全国工人先锋号"荣誉称号，该机组成功处置飞机在起飞关键阶段遭遇鸟击的特情，保障了183名机上人员的生命安全，成为公司推动党的建设与安全服务经营管理深度融合，严抓安全核心岗位人员党性修养、作风建设、应急处突能力提升的典型。

长安航空将始终坚持党建引领，以思想政治引领为牵引，以维护劳动领域政治安全为底线，努力探索新时代非公企业工会建设的新方式、新方法和新思路。

陕西省企事业单位民主管理制度规范化建设先进单位

在中交第一公路勘察设计研究院有限公司（以下简称中交一公院），厂务公开民主管理如春风化雨，润泽职工心田。这里是职工与企业共筑的心灵牧场，绿草如茵，繁花似锦，处处洋溢着和谐与温暖。厂务公开如同一把金钥匙，开启了企业迈向高质量发展的通道，让智慧与力量在每一位职工心中迸发活力，结出累累硕果。

春风化雨润心田 厂务公开启新篇

——记陕西省企事业单位民主管理制度规范化建设先进单位中交第一公路勘察设计研究院有限公司

近年来，中交一公院工会在厂务公开和民主管理工作中成绩斐然。通过"建机制、强体系、拓载体"，切实加强企事业单位民主管理，畅通职工诉求表达渠道，引导职工依法维权，在维护职工权益、构建和谐劳动关系、助力企业高质量发展中发挥了积极作用，职工对相关工作的满意率达98%。单位荣获多项省级、国家级荣誉。

一、坚持"三个必须"，落实"三个到位"，深化企业管理与厂务公开融合

中交一公院在厂务公开民主管理工作中，坚持"三个必须"：制定规章制度必须充分听取职工意见；推出制度、改革方案必须提前宣传说明；生产经营中的热点问题必须及时公开。同时，落实"三个到位"：责任分解到部门，确保事事有人抓；公开形式多样化，确保内容及时、全面公开；督促检查及时，发现问题立即解决。

一是领导重视，完善厂务公开民主管理体制和运行机制。在第六届第一次职工代表大会上成立了高规格领导机构，形成党委统一领导、有关部门齐抓共管、职工群众广泛参与的工作机制。领导班子结合实际，编制印发《一公院民主管理条例实施细则》，设立专栏，依托网上办公系统和各种媒体加大宣传力度。二是坚持民主评议干部制度，加强对企业经营活动的监督检查。发挥监督部门的作用，全面推行职工岗位动态管理，完善领导干部民主监督机制。

二、强化职工代表履职能力，推动生产经营管理融合

结合发展实际，中交一公院组织开展职工代表培训和民主管理业务培训5次，参会人员中工会干部有150人，职工代表有505人，提高了职工代

表的素质和履职能力。

一是以解决职工切身利益问题为重点，调动职工代表的积极性、创造性。加强职工与领导的沟通联系，充分发挥职工代表的参政议政能力，强化企业民主管理，增强企业凝聚力。第六届一次职工代表大会审议通过三项办法，建立职工代表巡视机制，督促各部门提升服务质量。二是完善一体化监督机制。在职代会专门工作机构中设立监督评议委员会，对考试考核、竞聘答辩实施全过程监督。

三、拓宽职工建言献策渠道，服务企业高质量发展

中交一公院充分发挥组织和职工优势，认真贯彻以职代会为基本形式的民主管理制度，落实依靠职工办企业的方针，拓宽建言献策的渠道。

一是以生产经营重大决策为重点，实现决策的民主化、科学化、多元化。坚持职工代表参与党委议事决策制度、院长办公会制度等，充分发扬民主，提升决策质量，提高职工代表地位。坚持职工代表团（组）长联席会议制度，对职工热点问题及公司重大决策不定期进行公开、审议与研究，提高职代会决策质量和权威性。二是坚持职代会制度，严格程序，落实职权。坚持每年召开一次职代会，审议总经理工作报告、企业经营方针等。近年来，审议决定涉及职工切身利益的制度10项，落实职代会提案24条，转办并监督处理职工意见建议280余条。

厂务公开民主管理是企业坚持以人为本的要求，也是企业高质量发展的内在动力，能够激发职工的积极性和创造性。中交一公院将继续通过多种形式最大限度地维护、调动和发挥广大职工的积极性和创造力，依靠广大职工促进企业高质量和谐健康发展。

陕西工会母婴关爱室

在中交一公院，母婴关爱室是爱与关怀的温馨港湾。这里设施齐全，既满足哺乳、休息等实际需求，又通过文化宣传和知识讲座丰富女职工的精神世界。母婴关爱室不仅是物理空间，更是工会人文关怀的体现。它如同春风化雨，滋润着女职工的心田，让她们在特殊时期感受到企业的温暖与关爱。

温馨港湾沐朝晖　关爱如雨润芳华

——记陕西工会母婴关爱室中交第一公路勘察设计研究院有限公司工会母婴关爱室

为深入落实"我为群众办实事"相关要求，充分发挥工会组织的桥梁纽带作用，做实做细女职工关爱工作，解除女职工生育的后顾之忧，切实当好女职工的"娘家人"。中交一公院工会按照"实用、超前、耐看、久用"的工作要求，以女职工需求为导向，积极推动公司工会对职场备孕期、怀孕期和哺乳期女职工的关爱行动，打造"哺乳有空间、储奶有场所、休息有场地、四期有保障"的实用性、人性化母婴关爱室。该区域设置在生产大楼A座3楼，面积约145平方米，母婴室可同时供3至6人使用，女职工活动室可供20人使用。母婴关爱室内设有防滑地胶、恒温空调、沙发、茶几、收纳柜、衣架、婴儿床、尿布台、吸奶器，配有双开门冰箱、微波炉、消毒柜、净水饮水机及湿巾加热器等，便于哺乳、挤奶和婴儿看护，为孕期、哺乳期女职工提供了安全、卫生、私密的休息、哺乳及储乳场所。屋内配有电视，循环播放母乳喂养知识，有效推动了女职工休息哺乳室建设的科学化、规范化进程。此外，该处还设有茶歇区、女职工文化宣传墙和课桌式学习角，分别用于休闲娱乐、宣传优秀女职工及定期开展健康教育交流、举办女职工心理和生活知识讲座等活动，也为孕期、哺乳期女职工放松心情、调节情绪提供了温馨的场所。随着国家生育政策的推进，孕期和哺乳期女职工人数逐年增加，母婴关爱室设有专门的管理制度，安排专人负责日常管理，做到设施定期维护，易耗品及时补充，有力保障了母婴关爱室的有效运行。母婴关爱室提

升改造以来，已为公司近20名女职工提供贴心服务，保护了孕期和哺乳期女职工的隐私，充分体现了工会组织的人文关怀。中交一公院工会将以创建母婴关爱室为契机，将母婴关爱室建设与提升作为加强关爱女职工行动的具体措施，做细做实相关服务工作，切实维护公司女职工的合法权益和特殊利益。

陕西工会爱心托管班

陕西高速机械化工程有限公司针对假期职工子女无人看管的问题，出资打造了一站式公益性托管服务。"爱心舰"托管班以安全为本、制度为基，逐步实现教学规范化、管理科学化，最大限度地减少职工的后顾之忧，形成工会、职工、公司三方共赢的良好局面，广受好评。未来，托管班将继续优化服务，为孩子们的健康成长保驾护航，让职工能安心工作，为公司发展贡献力量。

暖心护航伴成长

——记陕西工会爱心托管班陕西高速机械化工程有限公司"爱心舰"托管班

陕西高速机械化工程有限公司，位于西安市灞桥区纺南路西段2号，是陕西交控集团下属企业。为解决假期职工子女无人看管问题，公司工会出资开展了一站式公益性托管服务，为职工子女（3岁至12岁）提供假期功课辅导与特色课程相结合的托管服务。

"爱心舰"托管班分为学习区、生活区和活动区，面积约300平方米，配有儿童床、课桌、收纳柜、电视、投影仪、图书等生活和教学设施，于2023年6月正式投入使用。托管班配有两名班主任，以及3名由职工家属担任的特色课程老师。他们针对不同阶段孩子的特点，因材施教，寓教于乐，为孩子们辅导暑假作业，开展书法练习、"红色课堂"教学及各类特色课程，还设有面积共计930平方米的开心农场和篮球场，确保孩子们"德、智、体、美、劳"全面发展。托管班坚持把安全作为重中之重，建立健全安全管理机制，在开班前进行了安全大检查，开班时安排人员不定时地轮流安全巡查，为托管对象购买了人身意外伤害险，并与监护人签订托管协议，明确服务职责，切实消除场地、消防、饮食等方面的隐患。同时依托职工餐厅，在为孩子们提供营养健康的早餐和中餐的基础上，每日提供各类美味小点心和水果，保证孩子们住得舒心、吃得安心，让孩子们度过一个快乐的暑假。

安心托管班经过两个暑假的运行，逐步完善了学生考勤、教师管理等各类规章制度，确保托管班教学规范化、管理制度化。同时不断根据孩子的需求及时优化服务内容，最大限度地减少职工的后顾之忧，形成工会用心、职工安心、公司放心的良好局面，受到了公司广大职工的一致赞誉，大家纷纷表示将为公司的发展做出更大的贡献。

IMAGINE YOUR FACE
SAY HELLO TO ME
THEN ALL THE BAD DAYS THEY' RE NOTHING TO ME
WITH YOU

181

三秦最美家庭

以爱为家，以责为业，以善为行。任国杰将爱与责任融入公路事业，用脚步丈量公路，将初心书写在每一条延伸的道路之上；妻子以智慧持家，用温柔撑起半边天。他们孝老爱亲，用行动诠释着责任与爱。女儿在优良家风的滋养下茁壮成长，全面发展，成为新时代良好家风的传承者。这个三口之家，用优良家风诠释着"最美家庭"的时代内涵。

梅香满庭家风扬

——记三秦最美家庭任国杰家庭

任国杰，男，1973年4月出生，中交一公院正高级工程师。自参加工作以来，他深入高速公路建设的最前线，将良好家风融入工作，用脚步丈量山河，将初心扎根公路事业。

　　在工作中，任国杰爱岗敬业，不断提高自身的综合素质。他累计参与主持项目40余项，其中主持和参与大型项目、大型桥梁的勘察设计11项，审查项目11项，设计监理和咨询项目3项，并在国内外核心期刊发表多篇学术论文。他的夫人刘韡是国际注册高级会计师、国际注册理财规划师，曾担任多家公司财务总监，财务知识扎实，专业能力突出。他们将"勤为本、德为先、和为贵、学在前"的理念融入工作与生活，爱岗敬业、廉洁奉公、严于律己。

　　在生活中，任国杰敬老爱幼，与妻子齐心协力，共筑幸福之家。夫妻二人秉持施惠勿念、受恩勿忘的原则，敦亲睦邻，热心公益，扶弱济困，营造了良好的家风。他的夫人勤俭持家，吃苦耐劳，做到家庭事业两不误，并在长期从事财务管理工作期间荣获单位2023年度卓越贡献奖。

　　在子女教育方面，他们注重孩子德、智、体、美、劳全面发展。他们的女儿主持过中央电视台少儿春晚"走进延安"晚会，多次参加学校辩论赛，学习成绩优秀，多次获得学校奖学金。此外，她还获得清华大学2024年"全国中学生人文与社科冬令营"优秀营员；并参与了《爱我吧，长安》等多部影视剧的拍摄。

　　此外，任国杰一家热心公益，传递正能量。在做好工作的同时，他们利用闲暇时间带领家人积极投入到公益活动中，多次为灾区、困难群体捐款。自2008年至今，通过中国乡村发展基金会结对资助三名贫困儿童，累计资助金额近万元。他们以爱心为火种点亮希望之光，让"廉洁润家大爱育风"的家训传承，使清正家风与向善力量在社会中代代相传。

2024年陕西省总工会重点支持的劳模工匠创新工作室

在数字与钢铁编织的宏伟蓝图中，杨敏手持科研这支生花妙笔，以二十年如一日的执着，在交通强国的篇章里书写壮丽诗篇。他将智慧与热情熔铸成金石般的墨汁，在3D打印实验室精心雕琢出"国际领先"的创新成果，树立起一座座智慧的丰碑。在智能建造的浪潮中，他如灯塔般矗立，为后来者指引方向。

金石作墨绘云路

——记陕西省总工会重点支持劳模工匠创新工作室杨敏数智建造 3D
打印创新工作室

杨敏是一位在交通基础设施领域具有深厚技术背景和卓越领导才能的专家。他综合能力出类拔萃，具备远见卓识。

一、个人成就与荣誉

杨敏在职业生涯中获得了众多荣誉和奖项，这些荣誉不仅是对他个人能力的认可，也是对他为交通基础设施领域所做贡献的肯定。

1. 荣获2023年度中国公路学会科学技术奖特等奖、2023年中国交通运输协会科学技术奖一等奖；个人入选中国公路学会青年专家委员会委员。

2. 荣获2022年度陕西省优秀工程勘察设计奖（计算机软件）一等奖；个人入选科技部、陕西省科技厅专家库；受邀担任多个国际学术会议的学术委员、高校校外导师等。

3. 荣获2021年"中交一公院优秀共产党员"称号和"双文明建设先进职工"称号。

4. 2020年获聘首届混凝土3D打印技术论坛特邀专家，荣获首届全国混凝土3D打印创新大赛设备类二等奖、工程应用类三等奖。

5. 荣获2019年陕西省交通运输科学技术奖二等奖，荣获一公院职工科技创新金点子大赛优秀奖。

6. 获2018年中交一公院"双文明建设先进职工"称号。

7. 荣获2017年度中国公路学会科学技术奖二等奖。

8. 获2015年中交一公院瑞通公司"优秀通讯员"称号。

9. 获2009—2010年江苏省"青年岗位能手"，荣获江苏省交通运输厅特别嘉奖。

10. 荣获2008—2009年江苏省交通系统教学竞赛三等奖。

11. 荣获2007—2008年江苏省交通厅特别嘉奖。

12. 获2006—2007年江苏省交通技师学院优秀教师、市交通系统优秀共产党员称号。

二、技术创新与实验室建设

杨敏以"特别能吃苦，特别能战斗，特别能奉献，特别能创新"的"两路"精神为指引，组建并带领工作室建成全国交通系统首家"数字化智能建造3D打印实验室"及创新平台。该实验室不仅为团队提供了先进的研究条件，也为交通基础设施领域的技术创新和人才培养提供了重要支持。

三、团队建设与协作

杨敏重视激发团队成员的创新潜力和协作精神，鼓励个人创意与研发目标的融合，营造了积极向上、相互激励的团队氛围。在他的带领下，团队成员在创新能力、成果提炼以及个人技能提升上取得了显著进步。

四、跨学科合作与技术推广

杨敏擅长跨学科合作。他的工作室的研究成果支撑了国内多个特大工程项目。同时，工作室联合国内多家机构开展技术攻关，形成特有的联合研发模式，推动了技术创新的广泛应用。

五、个人品质与未来展望

　　杨敏长期扎根技术一线，思想站位高，技术背景深厚，综合能力出类拔萃，具备远见卓识。他主持、参与包括国家级在内的20余项重大科研课题，研究成果经行业协会鉴定为国际领先水平。获得授权专利30余项，取得软件著作权4项，发表学术论文10余篇，参编标准规范6部，获省部级奖项10余项。

　　杨敏坚持以行动书写篇章，带领工作室不断攻坚克难，在创新的道路上勇往直前。他不仅为交通基础设施领域的技术进步做出了重要贡献，而且以躬行实践培育技术新苗树立行业典范。

陕西省交通运输系统

优秀班组和班组长

在圭亚那广袤的土地上，中交一公院海外事业部圭亚那东岸德梅拉拉公路改造项目班组犹如翱翔天际的雄鹰，又似劈波斩浪的战舰，在异国复杂多变的环境中，以非凡的智慧和无畏的勇气克服重重困难，用精湛的专业技能和饱满的热情为公路建设精心绘制蓝图。班组长李起伟如同定海神针，以坚定的信念和卓越的领导力引领大家砥砺前行。他们以责任为基石，以创新为引擎，在海外工程建设的壮阔画卷上镌刻下属于中国建设者的时代丰碑。他们的故事，是攻坚克难的奋斗史诗，是文明互鉴的友谊篇章。

"新大陆"上的中国方程式

——记陕西省交通运输系统优秀班组和班组长中交第一公路勘察设计研究院有限公司海外事业部圭亚那东岸德梅拉拉公路改造勘察设计项目组和班组长

中交第一公路勘察设计研究院有限公司海外事业部圭亚那东岸德梅拉拉公路改造勘察设计项目组

圭亚那东岸德梅拉拉公路改造项目位于德梅拉拉-马哈伊卡区，是连接首都与国际机场的唯一道路，公路总体呈南北走向，左侧是德梅拉拉河。项目全长23.774公里，分为A、B、C三段。公司于2024年1月派驻技术人员进场工作，目前B段初步设计已提交监理审批。

作为海外公路建设重点项目，该项目是公司在美洲地区第一条采用AASHTO规范实施的市政道路。中国路桥工程有限责任公司是设计施工总承包方，监理单位是美国公司。公司承担勘察设计工作，这一项目的承接标志着公司在海外市场格局上取得里程碑式的突破。本项目是公司第一个在海外采用正向BIM设计的项目。公司在生产设备上投入了大量资源，包括中海达全球导航卫星系统（GNSS）接收机、数字水准仪、全站仪等先进测量设备，提升了施工测量的精度与效率；同时，应用了大量专业软件，与BIM平台无缝对接，实现了三维建模、碰撞检测、施工模拟等功能，优化了施工方案，提升了项目的整体质量。

该项目是公司第一个海外纯市政项目，除常规专业外，还有海防工程、物业通道水闸、线外设施、信号灯及照明设施等。在紧张的项目工期内，公司严格控制各项专业工序，按照"三标一体"质量体系进行管理，贯彻"三环节"质量管理办法及"两校、四审"制度，满足甲方、总承包商对质量、成本、工期的要求。

面对陌生复杂的现场环境和不确定的技术因素，项目组成员驻守异国他乡，克服语言、环境等不利因素，立足岗位，努力奋斗。部分同志驻外时间超过8个月，他们用自己的无私奉献和辛勤付出，推动了勘察设计工作的进展，为南美洲基础设施建设贡献了智慧。

圭亚那东岸德梅拉拉公路改造勘察设计项目组在人员短缺、项目进度紧张的压力下，团结协作，迎难而上，聚焦重点难点，统筹安排各项工作，妥善处理与甲方、监理、承包商等多方的关系，配合承包商完成勘察设计相关工作。从设计源头入手，在规范允许的前提下，保证承包商利益最大化。同时，坚决贯彻"精心勘设、服务第一"的质量方针，制定切实可行的质量控制流程，确保本项目的勘察设计质量达到公司最高标准。

中交第一公路勘察设计研究院有限公司海外事业部圭亚那东岸德梅拉拉公路改造勘察设计项目组班组长

李起伟，男，1986年3月出生，共产党员，现任中交第一公路勘察设计研究院有限公司海外事业部项目管理部部长。他以爱岗敬业、勤奋工作、积极创新、无私奉献的精神，成为同事的楷模。

勤勉学习，追求卓越，思想和业务双提升。李起伟深知在这个瞬息万变的时代，唯有不断学习才能跟上时代的步伐。他深刻领会习近平新时代中国特色社会主义思想，坚决贯彻执行党和国家的路线、方针、政策，坚定正确的政治立场。同时，他钻研专业知识，提升业务能力和专业水平，善于从市场中捕捉机遇，把握发展脉搏。

勇于担当，迎难而上，展现责任与担当。李起伟工作勤勉，尽职尽责，善于钻研，勇于挑战。他不仅出色完成领导布置的任务，更主动承担艰巨任务，在关键时刻挺身而出。2022年，他主动承担了塞内加尔姆布尔至考拉克高速公路项目的勘察设计任务。作为项目负责人，他带领团队克服困难，完成初步设计和施工图，并获得全部批复，创造了公司海外项目新纪录。2024年，他又赴南美洲圭亚那，负责东岸德梅拉拉公路改造勘察设计项目。面对苛刻的环保要求、严格的管理流程和当地有限的资源，他带领团队确保项目顺利实施。在项目中，他是负责人，更是团队的"主心骨"。他以身作则，带领成员克服困难，夜以继日地工作。他的勇气和担当，赢得了领导的信任和同事的尊敬。

团结协作，乐于助人，营造和谐的工作氛围。李起伟秉持"团结就是力量"的信念，诚实守信，乐于助人，与同事建立了深厚的友谊。他开展"传帮带"活动，将经验和设计技巧传授给年轻同事，帮助他们快速成长。在他的带领下，团队形成了团结协作、互帮互助的良好氛围。同事遇到难题，他总是第一个站出来，耐心解答，提供解决方案。

践行企业精神，树立企业形象。在海外工作期间，李起伟用实际行动践行"特别能吃苦、特别能奉献、特别能战斗、特别能创新"的精神。他为公司赢得了更多的市场份额，树立了良好的企业形象。他的故事激励着更多员工勇于挑战，追求卓越，为公司发展贡献力量。

于钢铁丛林中播种春天

——记陕西省交通运输系统优秀班组和班组长中交西安筑路机械有限
　公司装电二组和班组长

　　在钢铁轰鸣的车间里，宋龙带领装电二组的六位匠人，以铁杵成针的韧劲淬炼工业美学。他们以焊缝为墨，以电路为弦，在钢铁五线谱上谱写着现代机械制造的壮丽诗歌。从全年二十套设备的精雕细琢，到Q3000型沥青搅拌设备试制中智慧火花的璀璨绽放，再到电气布线艺术重构中精益之道的生动诠释。宋龙既是掌舵者，也是引路人，他用春风化雨的师者情怀滋养团队精神。从晨曦微露到夜幕降临，他们以秒针跳动的精度丈量初心，用钢铁般的意志在方寸之间铸造大国重器，让"中国智造"的铿锵韵律在秦岭北麓的晨昏线上久久回响。

中交西安筑路机械有限公司装电二组

中交西安筑路机械有限公司装电二组是一支由六位精英组成的团队。他们在班长宋龙的带领下，全身心投入生产一线，为公司的发展做出了卓越贡献。一年中，他们成功完成了近二十套搅拌设备及非标产品的制作任务，全年无生产质量事故，无重大安全隐患，以高质量、高效率的工作赢得了广泛赞誉。

面对新产品隧道施工成套设备的生产任务，他们不畏艰难，虚心向技术人员和有经验的老师傅请教，主动加班，连续一个月每天工作到22点，最终圆满完成了生产任务。在生产任务紧张、要求严格的情况下，他们还积极参与了多项试验任务，如首套Q3000型沥青搅拌设备的试制、电气布线工艺改进、控制室通用化布局等。在工艺改进方面，他们严格要求自己，摒弃传统粗放的制造方法，从细节做起，精益求精，以精细化的制造流程提升了产品质量，降低了成本，为客户提供优质的产品。

装电二组始终坚守着"不忘初心，方得始终"的信念，克服重重困难，完成每一项工作任务。他们养成了"当日事当日毕"的良好工作习惯。工作中尽职尽责，工作之余不断提升自己。他们用努力和奉献书写的故事，是每位成员点滴付出的生动缩影，更是团队凝聚力和战斗力的鲜活写照。

中交西安筑路机械有限公司装电二组班组长

宋龙作为班组长，深知使命在肩，他踏实工作，团结班组成员，完善班组建设，推进班组工作正常高效进行，让班组成员全身心投入到生产安装一线，保质保量地完成生产任务。在班组建设中，他推动以班组长为核

心，涵盖副班组长、设备安全员、材料员、考勤员和质量员的五大员协作体系，以此增强班组凝聚力，更好地为高效生产服务。

在产品生产中，他科学合理地规划，组织人员全身心投入生产。为改进电气布线工艺，他主动加班加点，从而确保生产任务保质保量地完成。面对生产任务急、发货周期短的情况，他主动召集组员，一起牺牲周末时间，加班加点完成任务，确保按时交货。

此外，宋龙还和组员深入交流，关心同事的思想动态，主动帮助有困难的同事，更好地团结同事，让大家全心全意地付出。

作为班组长，宋龙在各项任务中都能发挥良好的带头作用，肯钻研，能吃苦，善于发现并解决问题，以实际行动保证了生产任务的顺利完成，为同事树立了榜样。

他们以规章为尺，挥汗水作丹青，在停机坪上铸就钢铁防线。班组长张小行廿载春秋淬炼匠魂，既是机坪烈日下执尺丈量安全的匠人，亦是组员身后撑伞的兄长。他将安全规程融入血脉，向着更高效的方向迈进。这群云端守护者，正以"晨旭"之名，续写银鹰起落间的安全史诗。

银翼下的北斗阵

——记陕西省交通运输系统优秀班组和班组长中国东方航空股份有限
公司西北分公司地面服务部站坪服务二分部晨旭班组和班组长

中国东方航空股份有限公司西北分公司（以下简称东航西北分公司）地面服务部站坪服务二分部晨旭班组

在广阔天空中，东航西北分公司地面服务部站坪服务二分部晨旭班组宛如一颗璀璨的星辰，以他们卓越的表现和无私的奉献，为航空运输保障事业书写着壮丽的篇章。这个成立于2022年的年轻班组，虽然仅有6名成员，平均年龄32岁，却肩负着航班货物、邮件、行李装卸的重要使命，是确保航班正常运行的坚实力量。

晨旭班组始终将安全置于首位，严格遵循货舱装卸的操作规程，以严谨的态度和高度的责任感，守护每一次飞行的安全。

2024年7月5日，MU6576航班上一名旅客突发疾病，飞机备降西安。晨旭班组在班组长张小行的带领下，以专业的技能和高效的行动，在5分钟内从货舱中找出了旅客的托运行李，为救治该旅客争取了宝贵时间。这种急旅客之所急的工作作风，赢得了旅客的高度赞扬。

在安全生产方面，晨旭班组通过定期的安全教育和演练，强化员工的安全意识和技能。他们严格执行操作规程，对每一项作业进行细致的安全检查，从源头上控制风险，提前预判并处理消除隐患。在紧急情况下，他们能够迅速响应，采取正确的措施，最大限度减少事故的影响。

为了不断提升专业能力和业务水平，晨旭班组积极利用工余时间参加各种业务培训和学习。在C919飞机投入运行前期，班组长张小行带领组员接受了相关知识的培训和考核，确保组员在飞机正式运营前对C919的货舱结构、装载要求和操作规程了如指掌。在暑运高峰期，他们凭借过硬的专业知识，迅速有效地完成了每一次C919的货舱装卸任务。

晨旭班组在工作中兢兢业业、任劳任怨、勇挑重担。他们在恶劣天气条件下协助相关部门调整航班、调配货物；在紧急情况下快速响应，积极配合；在日常工作中注重安全管理和操作规程的执行，确保航班安全和高效运行。2023年，晨旭班组荣获"西北分公司先进集体"称号，组员赵阿伟也获得了西北分公司2022年、2023年宣传先进的荣誉称号。

晨旭班组的成功并非一蹴而就，他们背后付出的努力和汗水是常人难以想象的。每一次装卸任务中，他们都面临着巨大的压力和挑战。但是，他们凭借坚定的信念和不懈的努力，一次又一次地克服了困难，完成了任务。

在民用航空业这样一个高度竞争和快速发展的行业中，晨旭班组展现出的专业素养和敬业精神，无疑是所有同行学习的榜样。他们的故事告诉我们，无论在哪个行业，只要我们用心去做，用专业去服务，就能够创造出非凡的业绩。

此外，晨旭班组的成功也离不开团队的协作和支持。在这个团队中，每个成员都有自己的特长和优势，他们相互补充、相互支持。这种团队精神是他们能够在各种复杂情况下顺利完成任务的关键。

在未来的发展中，晨旭班组将继续秉承安全至上的工作理念，不断提升自身的专业技能和服务水平。他们将紧跟民用航空业的发展步伐，积极探索新的工作方法和技术，以适应不断变化的市场需求。同时，他们也将继续加强团队建设，培养更多的专业人才，为分公司的发展贡献更大的力量。

晨旭班组的故事是一个关于专业、责任、团队和创新的故事。他们用自己的行动诠释了什么是真正的职业精神、什么是真正的团队力量。

中国东方航空股份有限公司西北分公司地面服务部站坪服务二分部班组长

在东航西北分公司的机坪上，有这样一位默默耕耘的装卸班长，他用近二十年的时光，书写着对航空地面服务工作的热爱。他就是张小行。

近二十年的装卸岗位工作，使张小行积累了丰富的操作经验和扎实的基本功。然而，他并未骄傲自满，反而对新知识、新业务保持着如初学者般的渴望。2024年，在国产大型客机C919机型的航班首次降落西安咸阳国际机场前，张小行提前通过课件、视频反复学习，对C919的货舱结构、装载要求和操作规程进行了学习。暑运高峰期间，面对繁重的货物装卸任务，他凭借精湛的专业技能和丰富的工作经验，迅速、有效地指挥班组成员完成装卸工作，确保飞机配载平衡，为飞行安全提供了有力保障。他从容应对各种复杂的工作环境，成为班组中的中坚力量。

暑运高峰期间，机坪地表温度持续在60摄氏度以上，面对这样的高温作业环境，张小行始终坚持在一线，亲自监督操作流程，确保航班装卸任务顺利完成。他合理安排组内人员的作业时间，同时密切关注员工在机下作业时的身体状态，并提供充足的防暑用品和饮用水，保障了组员的身体健康。这种对员工身体状况的关心和对高温作业的严谨态度，充分展现了他的职业素养和责任心，也为班组营造了一个安全、健康的工作环境。

日常工作中，张小行对安全生产的要求极为严格。他深知，安全生产是公司正常运行的基础，也是每个员工生命安全的保障。因此，他定期组织班组进行安全培训和应急演练，提高班组成员的安全意识和应急处理能力。在他的带领下，班组成员实现了连续多年无一起人为差错的记录。他的严格要求和不懈努力使班组的安全生产意识深入人心，形成了良好的工作氛围。

张小行也非常注重团队协作。他能够根据班组成员的特点合理分配工作，充分发挥每个人的长处，提高整体作业效率。他积极倡导团队成员之间的沟通和协作，使每个成员都能够充分发挥自己的优势，从而提高整个装卸班组的作业效率。在他的带领下，班组每次都能顺利完成装卸任务。

张小行深知班组长在一线生产中的重要性，清楚自己努力的方向。他常常提醒自己，在未来的工作中一定要进一步发挥专业优势和领导才能，带领班组取得更好的成绩。同时，要进一步加强与协作部门的沟通，共同应对挑战。在安全生产方面，要进一步严格执行安全规定，加强安全教育，提高班组成员的安全意识和自我保护能力，确保安全生产。在团队建设上，进一步培养团队凝聚力，加强沟通交流，形成团队合作氛围，关注成员个人成长，为其提供支持，打造团结、高效、专业的团队。

张小行是一个值得大家尊敬和学习的榜样。他的出色表现和职业素养不仅使地面部的安全生产工作取得了突出业绩，而且为其他装卸人员树立了良好的榜样。他的工作精神和职业态度将激励更多的装卸人员投入到工作中，为公司的安全生产和运输事业做出更大的贡献。

云巅上的蓝天契约

——记陕西省交通运输系统优秀班组和班组长长安航空有限责任公司
飞行部李勇安全班组和班组长

　　李勇安全班组将党的方针政策
融入日常训练与任务执行中，通过
每日案例分析、每周业务学习、每
月研讨交流，不断强化安全意识与
风险防控能力。面对突发情况时，
他们反应迅速、沉着冷静，如同精
密仪器中的齿轮紧密协作，确保每
一次飞行任务的顺利完成。李勇，
作为班组的领头雁，以身作则，将
二十载飞行经验化作智慧的清泉，
滋润着每一位组员的心田。在他的
带领下，班组成员在专业技能上精
益求精，在作风建设上严谨自律，
共同编织了一张严密的安全防护
网，为航空事业的稳健发展贡献着
自己的力量。

长安航空有限责任公司飞行部李勇安全班组

李勇安全班组成立于2018年12月，是长安航空飞行体系"党小组带班组"模式的典型代表。班组共有15名飞行员，其中有4名共产党员。在组长李勇的带领下，班组以"传技术、帮思想、带作风"的理念，通过多种方式融合班组建设与生产效益，提升专业技能和风险防控能力，促进成员成长，增强成员的作风意识。

优化安全班组学习模式

李勇安全班组以党建为引领，将党建与班组建设相融合，提高组员的思想认识，提高政治站位，把握班组发展方向。班组内部发扬学习和协作精神，形成相互督促的学习氛围。组长李勇坚持每天在班组群通报不安全事件，分析飞行风险，保障运行安全；每周组织班组会，强调手册执行和作风纪律，讨论风险点和飞行问题，增强员工安全意识，巩固理论学习成果。此外，班组定期组织研讨会，结合行业热点探讨飞行技术，通过多种渠道让每位组员参与分析，组员们互相勉励，共同进步。每季度组织一次以党建、技术研讨和凝聚力提升等为主题的班组活动，培养组员在理论学习上刻苦钻研、在飞行技术上精益求精、在思想作风上严于律己，提升飞行员的安全意识和优良作风。

打造先进班组

为缩短安全管理半径，打通安全管理"最后一公里"，长安航空飞行部积极推进安全班组管理工作，要求各班组在安全信息传达、风险识别与防控、安全培训等方面发挥效能，并制定了《长安航空飞行部飞行机队安全班组赛马方案》。飞行部每季度开展安全班组考核，综合评估各班组的安全表现、学习研讨活动情况、组员作风纪律量化考核及奖惩等，形成班组间"比、学、赶、超"的氛围。李勇积极落实班组日常管理要求，其所带领的安全班组在2023年及2024年第一季度、第二季度的赛马评比中，均获得考核前三名，被评为优秀班组。

安全班组比、学、赶、超

班组中的党员飞行员在日常学习中发挥党员的先锋模范作用，加强理论学习，促进作风建设的提升，贯彻方针政策和上级单位决策部署，每周学习习近平总书记重要讲话精神以及省委、省政府、民航局、海航航空集团的重要文件精神，用党的理论武装自己，在生产运行中发挥党员的先锋模范作用。

在组长李勇的带领下，班组充分调动人员积极性，搭建学习交流平台，为教员在提升副驾驶业务能力和积累实践经验方面提供帮助，组员们表现突出，班组获得多项荣誉。2022年5月，组员李宇飞荣获2021年陕西省职业技能大赛"陕西省技术能手"荣誉称号；2022年9月，组员孙永发荣获2022年陕西省交通运输系统"产业工匠"荣誉称号；2023年6月，组员孙永发被授予方大集团"优秀共产党员"荣誉称号。此外，组员们在各项工作任务中也表现出色，如2024年1月，曲堃参与民航局机组资源管理（CRM）训练补充运行合格审定工作，使长安航空成为民航西北辖区内首家通过审定合格的航空公司；2024年1月10日，武铎在执行航班任务中面对突发情况反应迅速、处置沉着，确保了航班运行安全。2024年4月，潘广亮参与公司USOAP迎审工作，保质保量按期完成任务；2024年6月，孙永发在南阳机场训练中顾全大局、积极配合计划调整。

李勇安全班组以身作则，持续努力打造有目标、有方法的学习型团队，为飞行安全保驾护航。

长安航空有限责任公司飞行部李勇安全班组长

李勇，B737机型飞行员、航线教员，截至2024年7月，累计安全飞行11615小时。自2022年担任飞行安全班组组长以来，他带领15名飞行人员，围绕飞行安全总目标，通过多种交流学习活动，强化班组安全与作风意识及专业技能。

优化安全班组学习模式

李勇深入研究手册标准与业务通告，借鉴资深教员经验，探索班组管理思路。他每日向组员通报行业不安全案例，每周组织学习重要业务提示与安全通告，每月召开班组研讨会，结合警示教育与安全学习，强化组员的安全敏感性和理论掌握程度。2024年春运前，他及时召开线上会议，强调雨雪天气运行要求，解读不稳定进近必须复飞的民航法规，确保春运安全平稳有序。同时，他定期检查不正常事件，并在与班组成员共同执行航班时对其进行研讨。当组员出现运行问题或转升考核未通过时，他主动了解情况，开展专项培训与航线带飞。

发挥党员先锋模范作用

工作中，李勇不断提升飞行技术，以党员标准严格要求自己，积极参与运行保障和安全管理。2024年春运期间，面对复杂情况，他全力配合航班计划编排，协调飞行员，审核计划，保障航班运行顺畅。在飞行部CRM训练补充运行合格审定工作中，他充分准备，配合审计，整改评估，助力审定顺利通过。

打造先进班组

为缩短安全管理半径，长安航空飞行部推进安全班组管理，按"赛马"方案每季度进行考核。李勇管理的班组在2023年和2024年赛马评比中均进入前三名，该班组被评为优秀班组。

李勇以身作则，引领组员打造学习型飞行班组，为飞行安全不懈努力。

在古城纵横的阡陌间，二环2号线如银梭穿行，36公里的动脉串联56个驿站，将安全星辉织入市井烟火。这支党员先锋领航的班组，以毫米级精准养护36公里征程，用晨昏不辍的叮嘱筑就安全长城。掌舵人王瑜，从方向盘后的追风少年蜕变为车队的北斗星。他将六年车轮滚烫的温度沉淀为管理智慧，把党建红绳编入每趟发车时刻表，让七车队化作流动的文明课堂。当暮色漫过古城墙，这支铁军仍在调度屏前以数据为针、以责任为线，绣制着千年古都的现代出行锦缎，让公交人的匠心在十丈红尘中绽放。

方向盘上的城市脉搏

——记陕西省交通运输系统优秀班组和班组长西安市公共交通集团有限公司二环 2 号线和班组长

西安市公共交通集团有限公司二环2号线

西安市公共交通集团有限公司的二环2号线是沿二环路行驶的逆时针环形线路，全长约36公里，设有56个车站，串联了西安市内多个重要的商业、文化和居住区域，为市民提供了便捷的出行方式，是一条集工作、生活、休闲于一体的综合性线路。

该线路始终坚持"安全是公交发展的灵魂"理念，建立安全管理制度和预警机制，定期开展各类安全培训活动，以创建星级化线路为契机，全面开展文明服务竞赛及线路高星级创建工作。该线路连续3年在集团星级线路考核工作中名列前茅，其优质服务获得了广大市民的高度赞许。

为发挥党员的模范带头作用，由先进党员带头，坚持每月进行10次线路安全行车检查、车辆安全机件检查，坚持每天在拥堵点、人群密集点和站点进行安全叮嘱，使驾驶员的安全服务意识得到了全面提高。二环2号线全体职工安全行车、文明服务蔚然成风。

二环2号线在多年的运营服务中不断创新、锐意进取，为市民提供优质服务。他们用坚定执着的信念，以公交人质朴的情怀、热情的服务和拼搏实干的精神，诠释公交服务的内涵，用平凡的足迹继续书写奉献的篇章。

西安市公共交通集团有限公司二环2号线班组长

2003年1月至2009年7月，王瑜手握公交车方向盘，开启职业生涯。作为一名公交车驾驶员，他用六年半的时光，将安全与准时刻进职业生涯中。他熟练驾驶车辆，用贴心服务为市民的每一次出行保驾护航，成为城市公共交通线路上流动的风景线。

2009年7月至2010年8月，在西长公司担任办事员的经历，成为他从一线操作员迈向管理岗位的关键转折点。他深入了解公司的行政管理流程，夯实未来管理之路的根基。

2010年8月至2016年10月，王瑜肩负起三公司三车队服务队长的重任。他深知，服务是公交行业的灵魂。于是，他一头扎进驾驶员培训的课堂，化身知识的传递者；他奔波于服务设施改善的现场，成为设施升级的推动者；他耐心倾听乘客投诉，化解矛盾于无形。在他的引领下，车队服务质量稳步提升，乘客满意度不断提升，车队服务的金字招牌愈发闪亮。

2016年10月至2019年6月，王瑜担任三公司七车队党支部书记，期间，王瑜紧握党建的指挥棒，奏响思想建设的激昂乐章。他精心策划党建活动，让红色信仰在员工心中生根发芽，使其凝聚成推动车队前行的强大力量；他借助工会的桥梁，搭建起与员工心灵沟通的纽带，让团队成员在欢声笑语中凝聚成坚不可摧的整体。

2019年6月至今，王瑜作为三公司七车队队长，王瑜管理车队的安全生产、营运组织和服务工作。他是安全的守护者，制定严格的安全管理规定，为车队筑牢安全防线；他是运营的协调者，精心监督车辆的维护保养，确保每一辆车都以最佳状态投入运营；他是调度的指挥者，巧妙协调车队，让车辆在城市中有序穿梭。在他的运筹帷幄下，车队宛如一艘巨轮，破浪前行，书写着发展的辉煌篇章。

回首往昔，王瑜在每一个岗位上都留下了坚实的足迹。从基层驾驶员到管理者，他以卓越的专业素养、非凡的领导才能一路披荆斩棘。他用亲身经历谱写出公交人的奋斗者之歌，成为公交系统同行的榜样，激励着后来者在服务城市、奉献社会的道路上勇往直前。

秦岭深处绣春山

——记陕西省交通运输系统优秀班组和班组长宝鸡市公路局金渭公路
段十公里道班和班组长

在秦岭褶皱的掌纹里，十公里道班的六位巾帼以铁帚为笔，用二十余年光阴在S219省道上写下养路工的诗行。她们是山间的四季信使——春除积雪融冰，夏战高温，秋扫漫天落叶，冬凿冻土寒霜。班长刘秀玲如磐石般扎根险峰，带领这支铁娘子军在塌方泥流中劈出生路，于蒸腾暑气里修补时光裂痕。当城市霓虹渐次亮起，她们将28座涵洞打磨成守护通途的玉玦。皲裂的双手抚平了13.42公里路面的皱纹，油亮的锹柄见证着青丝染雪的芳华。这群把铁锹磨成弦月的女子，终将平凡岁月淬炼成养护线上的璀璨勋章，让秦岭的每道弯弧都闪耀着劳动者的光芒。

宝鸡市公路局金渭公路段十公里道班

在宝鸡市渭滨区神农镇太平庄村，十公里道班肩负着省道S219千凤线K81+580-K95+000（益门堡至秦岭段）长达13.42公里公路的养护重任。在这个道班里，除了一位男司机，其余6名职工皆为女性，平均年龄48岁，她们用奉献与担当诠释着别样的芳华。

这段路是连接陕甘川的重要通道，是宝鸡入川的道路，通往多个著名景点，每逢节假日，车流量特别大。这段路连接市政道路和秦岭省道，路况复杂，临河临崖，弯急道窄。养护这段路，任务重、难度大，可这并没有让女职工们退缩。她们相互照应，团结协作，凭着一股不服输的"拧"劲儿和对公路特有的感情，默默坚守。

面对管养路段周边自然村多、沿线居民和旅游市民的生活垃圾乱扔乱倒现象严重的问题，女同志们每天及时清理路面杂物垃圾，保持管养路段安全整洁。在日常养护中，她们团结协作，分工有序，共同克服人手不足的困难，完成补坑槽等重体力活。

战高温、斗酷暑成为常态。2023年夏季，她们组织人员在路面上大面积地刷油。2021年盛夏，山上路面温度极高，用班长刘秀玲的话说，穿着鞋踩在地上都烫脚。那一次，她们管护的路段出现了一处大面积坑槽，需要及时修补。班上只有6个人，但这并没有影响工作进度。头顶烈日，身边是100多摄氏度的热沥青料，几个姐妹不停不歇，一干就是五个小时，汗水顺着衣服直流。那是她们记忆中最辛苦的一次工作。"三伏天，我们抬着200多斤的切割机切割，还要铲又黏又重的沥青，一天下来，累得胳膊抬不起来，腰直不起来，拿筷子手都抖。"刘秀玲回忆道。

面对山区路段多险情、汛期塌方等突发情况，道班人员团结协作，共同应对。2020年7月11日上午7时，宝鸡境内遭受大暴雨的侵袭，十公里道班管养的S219陇凤线K86+700桃花源段塌方及泥石流较为严重，大量泥石流冲上路面，占据了整个路面，对公路安全通行造成巨大威胁。险情发生后，她们立即赶赴现场防洪抢险，冰冷的洪水没过了膝盖，灌入雨靴里，大家都浑然不觉。经过14个小时紧张忙碌的奋战，险情得到排除。虽然脊背已被汗水浸湿，双脚被洪水泡得发白，双腿甚至被树枝划破流血，但大家都不喊苦不喊疼，默默坚守在抢险一线。脸上分不清是汗水还是雨水，她们忙碌在"堵了清、清了通"的循环作业中……她们一直坚守到公路安全畅通。

虽然苦，但大家却很乐观。平日脸花了、衣服脏了，她们一句"花猫""泥猴"就成了缓解疲劳的玩笑。

养护公路，在大多数人眼里是男人干的体力活，但十公里道班的"铁娘子"们却干得毫不逊色。春季打草，树枝、飞石崩溅到她们脸上、腿上，一天下来，身上到处都是瘀青；夏季清理水沟、涵洞，大家顾不上蚊虫叮咬，爬高上梯，在只能侧身站立的狭窄水沟或只能弯腰进去的涵洞里，挥动着比自己还高的铁锹，铲淤泥、铲垃圾；秋季清扫道路，她们无暇欣赏迷人秋景，前脚刚扫完的落叶，转身又铺满了路面；冬日顶风冒雪抛撒融雪剂。

所管的养护路段，每天全线巡查2次。沿线水沟和28个大大小小的涵洞，每月清理1次。8.7公里的钢板护栏，一周清洗1次。日复一日，年复一年，不知道走了多少路。6名女同志，从刚来时挥不动铁锹，到后来学会操作和维修各种小型机器；从刚开始扫一天路都累得喘气，到现在抬机器、搬沙袋都浑身是劲。经过锻炼，女职工们个个从"软妹子"变成了"大力士"。班长刘秀玲被授予"十佳养路工""巾帼建功标兵"等荣誉称号，十公里道班被宝鸡公路管理局授予"最佳道班"荣誉称号。

道班的女职工都过着上有老下有小的生活。但由于工作场所在山区，她们总是以班为家，舍小家为大家。父母生病，孩子无人照顾只能托付给别人，接送一次孩子上下学，都成了孩子最大的心愿……由于常年野外作业，天天与垃圾、尘土、脏水打交道，每个人的手变得黝黑粗糙，倒是她们天天握着的铁锹把油亮光滑。

多年来，道班成员以路为荣、以班为家，用心血和汗水守护着管养路段的四季畅通，赢得社会认可，树立了良好形象。她们的工作得到了上级部门的多次表扬，她们也赢得了沿线村民和过往司机的一致好评。

金渭公路管理段十公里道班是一支特别能吃苦、特别能战斗、特别能奉献的公路养护队伍。他们通过扎实学习、美化公路、加强绿化管护、团结协作等具体措施，展现了公路养护人员的良好形象和职业素养。

宝鸡市公路局金渭公路段十公里道班班组长

班长刘秀玲生于1975年5月，2000年参加工作。今年49岁的她在这个岗位上坚守了24年。

道班管养的路段是山区路段，也是典型的城乡结合部，人口密集，沿线旅游景点多，车流量大，通往四川、陇南方向的车辆由此通过，山区公路养护任务重。作为一名女班长，刘秀玲以身作则，带头干最脏、最累的活，用自己的行动激励全班人员。

在班前会上，刘秀玲会及时指出前一天工作中的问题及整改措施，并安排当天的工作，将安全工作作为头等大事来抓。在她负责期间，道班未发生一起安全事故，班内分工明确、责任到人。

2020年7月，宝鸡地区连日强降雨，十公里道班管养路段K121+500处桃花园山沟发生山洪，大量泥石流冲上路面，覆盖整个路面，对公路安全通行造成巨大威胁。刘秀玲立即组织人员赶赴现场防洪抢险，经过14

个小时的奋战，险情得以排除。

秦岭山中冰雪期长，降雪时刘秀玲第一时间带领全班人员撒融雪剂和防滑砂，为防止夜间桥面、路面结冰，晚上七八点再撒融雪剂，使公路在短时间限行后迅速通车。每次都是她带头装车、撒融雪剂，男同志能干的活，她一点儿也不含糊。回家时，手冻得红肿，整个人成了雪人，但看到雪化了、路通了，她的心里充满了喜悦。

面对媒体的采访，刘秀玲笑着说："水沟天天扫是挺累的，干上一天腰酸背痛的，到下班时头发都贴在头上了。我们成天就是这样，风吹一天脸都皱了。"

刘秀玲注重团队建设和协作精神的培养，以身作则，率先垂范，带领班组成员团结协作。在养护工作中，她根据每个人的特长和优势进行合理分工，确保养护工作高效进行。同时，她还经常组织班组成员进行业务学习和交流，提高班组成员的业务水平和综合素质。

为了营造温馨舒适的生活环境，她每周抽出时间，带领班组成员整理班务，对各个角落进行清扫并相互检查，保持室内外环境整洁美观。为改善伙食，她与厨师沟通，使厨房伙食花样多变、饭菜可口，让班组成员感受到集体的温暖。

由于工作场所在山区，遇到加班、值班或雨雪天气，就得吃住在道班，好几天不能回家。但想到工作还得有人干，她就鼓起劲，带领大家把工作干好。她的奉献精神感染了全班成员，激发了大家的工作热情。

2023年9月起，她还管理了十公里道班、观音山道班、小修作业队三个班组。作为一名普通的女班长，她热爱公路养护事业，把全部精力投入到工作中。自担任道班班长以来，她和所在道班多次被宝鸡电视台、宝鸡广播电台等媒体报道，她本人也于2018年被评为宝鸡市"十佳养路工"，2020年被宝鸡市妇女联合会授予"宝鸡市巾帼建功标兵"荣誉称号。

刘秀玲用自己的实际行动在工作中为同志们做表率。"群雁高飞头雁领"，她用言行践行着自己的初心，为新时代养路工树立了榜样，彰显了新时代公路养路工的风采。